Beach soccer
沙滩足球
运动理论与训练方法
Yundong Lilun Yu Xunlian Fangfa

李悦慷 著

中山大学出版社
·广州·

版权所有　翻印必究

图书在版编目（CIP）数据

沙滩足球运动理论与训练方法 / 李悦慊著 . -- 广州：中山大学出版社，2025.8. -- ISBN 978-7-306-08544-3

Ⅰ. G843.2

中国国家版本馆 CIP 数据核字第 2025QW3767 号

SHATAN ZUQIU YUNDONG LILUN YU XUNLIAN FANGFA

出 版 人	王天琪
策划编辑	靳晓虹
责任编辑	靳晓虹
封面设计	周美玲
责任校对	陈　莹
责任技编	靳晓虹
出版发行	中山大学出版社
电　　话	编辑部 020 - 84113349，84110776，84111997，84110779，84110283 发行部 020 - 84111998，84111981，84111160
地　　址	广州市新港西路 135 号
邮　　编	510275　　传　真：020 - 84036565
网　　址	http://www.zsup.com.cn　　E-mail：zdcbs@mail.sysu.edu.cn
印 刷 者	广州小明数码印刷有限公司
规　　格	787mm×1092mm　1/16　12.625 印张　189 千字
版次印次	2025 年 8 月第 1 版　2025 年 8 月第 1 次印刷
定　　价	40.00 元

如发现本书因印装质量影响阅读，请与出版社发行部联系调换

目　　录

第一章　沙滩足球概述	1
第一节　沙滩足球的起源与发展	3
第二节　沙滩足球的特点	9
第三节　沙滩足球教学的基本要素	11
第四节　沙滩足球比赛的战术原则	14

第二章　沙滩足球技术训练 …………………………… 17
　　第一节　跑动技术 …………………………………… 19
　　第二节　颠球技术 …………………………………… 21
　　第三节　传球技术 …………………………………… 26
　　第四节　接球技术 …………………………………… 31
　　第五节　运球技术 …………………………………… 35
　　第六节　射门技术 …………………………………… 39

第三章　沙滩足球进攻战术训练 ……………………… 53
　　第一节　个人进攻战术 ……………………………… 55
　　第二节　沙滩足球小组进攻战术解析与训练指导 … 59
　　第三节　沙滩足球整体进攻战术解析与训练指导 … 63
　　第四节　定位球进攻战术 …………………………… 79

第四章　沙滩足球防守战术训练 ……………………… 93
　　第一节　个人防守战术 ……………………………… 95

第二节　小组防守战术·· 100
第三节　整体防守战术·· 105
第四节　定位球防守战术·· 117

第五章　沙滩足球守门员·· 133
第一节　沙滩足球守门员基本技术·· 135
第二节　沙滩足球守门员训练方法·· 146

第六章　沙滩足球体能训练·· 155
第一节　沙滩足球体能训练概述·· 157
第二节　沙滩足球运动员的体能训练方法·································· 161

附录　《沙滩足球竞赛规则》2021/2022 版本 ·························· 167

参考文献 ·· 197

第一章
沙滩足球概述

第一节 沙滩足球的起源与发展

一、沙滩足球的起源

沙滩足球（beach soccer）的历史可追溯至19世纪末。据记载，当时欧洲船员在船只靠岸后，常在沙滩上以踢足球作为消遣活动，这被视作沙滩足球最早的起源之一。随着时间的推移，这项运动在巴西沿海地区迅速传播，尤其在里约热内卢一带备受欢迎，成为当地民众热爱的休闲活动。1957年，巴西举办了首场沙滩足球官方赛事，此时的规则仍主要沿用传统足球规则，尚未形成独立的体系。

20世纪70年代末，沙滩足球运动逐渐传播至拉丁美洲和欧洲等地，并迅速发展成一项国际性运动。1992年，沙滩足球迎来了重要的规范化发展节点。沙滩足球公司（Beach Soccer Company，BSC，后更名为PBS）的创始人之一吉安卡洛·西格里尼（Giancarlo Signorini）在洛杉矶举办了一场具有里程碑意义的试点赛事，旨在测试和完善沙滩足球的竞技规则与标准。此次赛事奠定了现代沙滩足球规则的基础，其中大部分规则沿用至今。1993年7月，西格里尼在美国佛罗里达州的迈阿密海滩成功组织了第一届专业沙滩足球比赛，标志着这项运动正式走向职业化。同年，国际沙滩足球联合会（Beach Soccer World Wide，BSWW）应运而生，负责组织和推广沙滩足球运动，为其规范化发展提供了强有力的组织保障。世界沙滩足球协会（International Beach Soccer Association，IBSA）也于1993年成立，首次制定出统一的比赛规则，并开始举办具有一定规模的世界性沙滩足球比赛。

1994年，巴西体育营销公司老板科赫·塔瓦雷斯（Koch Tavares）在里约热内卢举办了类似赛事，进一步推动了沙滩足球在全球的传播与发展。到了1995年，在他的积极推动下，首届沙滩足球世界锦标赛在巴西成功举办——这一赛事被视为沙滩足球世界杯的前身，它的诞生标志着沙滩足球正式成为体育比赛项目。自首届赛事起，沙滩足球世界锦标赛每年举办一届。

自1996年起，BSWW开始组织职业沙滩足球锦标赛。1998年，BSWW推出欧洲职业沙滩足球联赛（Euro Beach Soccer League，EBSL），当时的联赛被定位为"沙滩足球冠军杯"，由各国国家队参与冠军争夺。与此同时，巴西、意大利、瑞士、西班牙、英格兰、俄罗斯等国家陆续设立了国内沙滩足球职业联赛。

2000年10月，为进一步推动沙滩足球的全球普及，科赫·塔瓦雷斯旗下公司实体与PBS联合成立国际沙滩足球联合会（BSWW），此后沙滩足球世界锦标赛由BSWW负责监督举办。同年，中国足球协会首次开展了沙滩足球裁判员培训，为未来的发展做好了准备。2004年，国际足联（FIFA）与BSWW达成合作协议：FIFA正式接管沙滩足球的管理工作，BSWW转型为顾问机构继续参与相关事务。FIFA将沙滩足球世界锦标赛纳入官方赛事体系，并更名为"FIFA沙滩足球世界杯"（FIFA Beach Soccer World Cup）。2005年5月8—15日，首届FIFA沙滩足球世界杯在巴西里约热内卢成功举办，标志着这项运动进入全新发展阶段。同年，国际足联将沙滩足球规则纳入管理范畴，制定了更完善的《沙滩足球竞赛规则》。此后，沙滩足球世界杯的举办周期为：2011年前每年一届，2011年后调整为每两年一届。这一系列举措标志着沙滩足球正式成为国际性赛事项目，获得世界各国的广泛认可与关注。

沙滩足球凭借独特的观赏性、激烈的对抗性和灵活的创造性，深受全球足球爱好者和职业球员的关注和喜爱。目前，该运动项目已被国际足联列为正式比赛项目之一，其充满张力的比赛场面和独特的沙滩运动氛围，正吸引着越来越多的观众投身其中。

二、沙滩足球运动发展历程

（一）中国沙滩足球运动发展历程

1. 中国沙滩足球运动发展概况

我国沙滩足球运动兴起于20世纪80年代中期，广东、海南、山东等沿海省份先后举办了一系列区域性赛事。广西北海市早在2001年、2002年便举办了两届全国民间沙滩足球赛，吸引了香港、澳门、北京等地的业余足球队及高校队伍参赛。2005年，中国足协正式启动全国性沙滩足球赛事：9月，在厦门鼓浪屿举办了"沙滩足球国家队选拔赛"，这是首场全国性沙滩足球赛事；10月，首届全国沙滩足球赛在上海金山举行。2008年，中国足协与浙江省舟山市体育局签署协议，决定在舟山市连续举办五届全国最高水平沙滩足球赛，并正式定名为"全国沙滩足球锦标赛"。北京体育大学足球队蝉联五届冠军。值得注意的是，2014年，中国足协与浙江省舟山市体育局续签了五年竞赛合作协议。2022年，第十四届全国沙滩足球锦标赛总决赛在浙江舟山落幕，大连沙滩足球队、浙江全讯队、石家庄功夫队获得前三名，赛事汇聚12支男子代表队，基本涵盖国内高水平运动员，标志着赛事达到全国顶尖水准。尤为重要的是，此次锦标赛首次引入职业俱乐部参赛，为项目推广注入新活力。

在足球改革背景下，沙滩足球发展驶入了快车道。为落实全民健身计划、规范赛事体系，2019年，中国足协举办首届全国女子沙滩足球锦标赛。该赛事在浙江舟山朱家尖南沙景区举行，辽宁、山东、四川、浙江等地的8支代表队参赛，最终浙江队夺冠。2021年，沙滩足球首次被纳入全运会群众项目：9月22日，第十四届全运会沙滩足球赛在广西北海开幕，共有10支队伍角逐，浙江队在决赛中通过点球大战战胜山东队，斩获全运会首冠。2022年11月，中国大学生体育协会在江苏启东举办首届中国大学生沙滩足球锦标赛，中南大学（男）、江苏大学（女）获得冠军；12月，中国足协推出沙滩足球巡回赛，巡回赛由分站赛及总决赛构成，浙江全讯队夺得首届冠军。2023 年 11 月，浙江全讯队在第十五届全国沙滩足球锦标赛决赛中，通过点球大战战胜浙江特普体育夺冠，并获得 2024 年世界沙滩足球俱乐部优胜者杯（简称"世俱杯"）参赛资格。

2. 国际赛场的突破：浙江全讯队的崛起

在意大利阿尔盖罗举办的世俱杯赛场上，浙江全讯队展现了强大实力：小组赛连胜萨尔瓦多队、德国队和匈牙利队，以小组第一的身份强势出线；淘汰赛阶段，先后以 11∶0 大胜芬兰 BSC Hobby 队、5∶4 险胜塞浦路斯 Pafos FC 队，成功晋级半决赛；尽管在半决赛以 4∶6 惜败以色列 Rosh Haayin 队，但在三、四名决赛中以 4∶3 击败乌克兰 BSC Vybor 队，最终夺得季军，创造了中国沙滩足球俱乐部近年国际最佳战绩。2024 年，浙江全讯队更是包揽了全国沙滩足球锦标赛与巡回赛总决赛两项桂冠，队长蔡伟明凭借世俱杯及国内赛事的表现，入选 2024 年度沙滩足球世界最佳运动员候选名单，为中国沙滩足球赢得了国际声誉。

3. 中国国家男子沙滩足球队的征战历程

中国国家男子沙滩足球队主要参与沙滩足球世界杯亚洲区预选赛及亚洲杯赛事。早期发展阶段，国家队聘请国际足联沙滩足球讲师、加拿大人罗斯（Ross），通过科学训练在亚洲赛崭露头角；2012 年获第三届亚洲沙滩运动会足球赛亚军；2013 年沙滩足球亚洲杯决赛中，中国队以 4∶3 战胜阿联酋队夺冠，并包揽了最佳射手（刘易斯）、最佳球员（刘易斯）、最佳守门员（温廷元）三项个人奖。

2016 年 8 月 23—25 日，首届亚洲沙滩足球锦标赛在内蒙古鄂尔多斯举行，中国队以 2∶5 负于越南队；在第五名争夺战中以 1∶5 不敌泰国队，最终位列第六。2017 年 3 月 4—8 日，亚洲沙滩足球锦标赛在马来西亚吉隆坡举行，中国队被分入 A 组（与巴林队、阿富汗队、伊朗队和马来西亚队同组），小组赛全败垫底。同年 8 月，西班牙"沙足球王"拉米罗·阿玛雷利（Ramiro Amarelle）出任中国沙滩足球国家队主教练，通过提升训练强度并革新技术战术体系，使队伍逐步进步。2019 年 3 月 8—18 日，沙滩足球亚洲杯在泰国芭提雅举行，中国队被分入 B 组（与阿联酋、黎巴嫩、吉尔吉斯斯坦同组），虽以 9∶3 大胜吉尔吉斯斯坦，但前两场负于黎巴嫩、阿联酋，以1胜2负小组第三出局。

2023年2月22日，中国足协任命巴西人马塞洛·门德斯为国家队主教练（原定于2021年举办的沙滩足球亚洲杯因新冠疫情推迟至2023年）。3月17日，亚洲杯小组赛首场比赛，中国队在开场不利的情况下连进4球，以4∶1逆转黎巴嫩队；小组赛第二场1∶6负于日本队，第三场5∶4战胜印度尼西亚队，以小组第二的成绩晋级八强。3月23日，在四分之一决赛中以0∶11不敌阿曼队，无缘四强及世界杯资格。

（二）世界沙滩足球发展历程

沙滩足球起源于巴西里约热内卢。1993年，国际沙滩足球协会（IBSA）成立，IBSA制定了统一的比赛规则，并开始举办小规模世界性赛事。这标志着沙滩足球向规范化发展。

1995年，BSWW在巴西里约热内卢举办首届沙滩足球世界锦标赛。这一赛事被视为沙滩足球世界杯的前身，标志着该项运动正式登上国际竞技舞台。

1996年，BSWW开始组织职业沙滩足球锦标赛，推动赛事向职业化方向迈进。

1998年，BSWW进一步推出欧洲职业沙滩足球联赛。赛事被定位为"沙滩足球冠军杯"，吸引了各国国家队参与争夺，成为早期高水平洲际赛事的代表。

2000年，中国足球协会首次开展了沙滩足球裁判员培训（国际层面的裁判体系建设主要由BSWW及后续FIFA推动，此处"首次培训"特指中国国内）。表1-1为1995—2004年沙滩足球锦标赛相关数据。

表1-1 1995—2004年沙滩足球锦标赛相关数据

年份	举办地	冠军	亚军	季军	参赛球队数量	比赛总场次	进球总数
1995	里约热内卢	巴西	美国	英格兰	8	16	149

续表

年份	举办地	冠军	亚军	季军	参赛球队数量	比赛总场次	进球总数
1996	里约热内卢	巴西	乌拉圭	意大利	8	16	132
1997	里约热内卢	巴西	乌拉圭	美国	8	16	141
1998	里约热内卢	巴西	法国	乌拉圭	10	24	216
1999	里约热内卢	巴西	葡萄牙	乌拉圭	12	20	174
2000	里约热内卢	巴西	秘鲁	西班牙	12	20	172
2001	巴伊亚	葡萄牙	法国	阿根廷	12	20	144
2002	圣埃斯皮里图、圣保罗	巴西	葡萄牙	乌拉圭	8	16	145
2003	里约热内卢	巴西	西班牙	葡萄牙	8	16	150
2004	里约热内卢	巴西	西班牙	葡萄牙	12	20	156

2005年，国际足联正式接管了沙滩足球的管理工作，并将其纳入官方赛事体系，同时制定了更完善的《沙滩足球竞赛规则》。同年，第一届国际足联沙滩足球世界杯在巴西里约热内卢举办，标志着这项运动进入全球化发展阶段。

2024年2月15日，沙滩足球世界杯在阿联酋迪拜开幕，共有来自阿联酋、巴西、西班牙等国的16支代表队参赛。赛事分为小组赛（2月15—21日）和淘汰赛（2月22—25日）两个阶段。在2月26日的决赛中，巴西队以6∶4战胜意大利队，这是巴西队第六次捧起沙滩足球世界杯冠军奖杯，进一步巩固了其"沙滩足球霸主"地位。表1-2为2005—2024年沙滩足球世界杯相关数据。

表1-2　2005—2024年沙滩足球世界杯相关数据

年份	举办地	冠军	亚军	季军	参赛球队数量	比赛总场次	进球总数
2005	里约热内卢	法国	葡萄牙	巴西	12	20	164
2006	里约热内卢	巴西	乌拉圭	法国	16	32	286

续表

年份	举办地	冠军	亚军	季军	参赛球队数量	比赛总场次	进球总数
2007	里约热内卢	巴西	墨西哥	乌拉圭	16	32	261
2008	马赛	巴西	意大利	葡萄牙	16	32	259
2009	迪拜	巴西	瑞士	葡萄牙	16	32	284
2011	拉文那	俄罗斯	巴西	葡萄牙	16	32	269
2013	帕皮提	俄罗斯	西班牙	巴西	16	32	243
2015	埃斯皮尼奥	葡萄牙	塔希提	俄罗斯	16	32	253
2017	巴哈马那群岛	巴西	塔希提	伊朗	16	32	266
2019	卢克	葡萄牙	意大利	俄罗斯	16	32	286
2021	莫斯科	俄罗斯	日本	瑞士	16	32	302
2024	迪拜	巴西	意大利	伊朗	16	32	223

第二节 沙滩足球的特点

一、沙滩足球场地特征

沙滩足球每队由 5 名球员组成，包括 4 名场上球员和 1 名守门员，球员须赤脚在沙地上进行比赛。

（1）场地规格：标准的沙滩足球场地长度为 35～37 米，宽度为 26～28 米；球门高 2.2 米，宽 5.5 米。

（2）表面要求：场地表面必须为平整沙面。对于国际比赛，须使用高纯度的石英砂（推荐 20～80 目）。砂层厚度须大于等于 40 厘米，且须经过严格筛选以确保去除碎石、贝壳等危险物。沙子不得过细，以防扬尘或黏附皮肤，同时须符合环保检测标准。

二、沙滩足球守门员特征

守门员在沙滩足球比赛中扮演核心角色，他们不仅需要具备出色的扑救能力，还需要掌握精准的手抛球和双脚控球技术。

（1）规则特性：规则要求守门员在罚球区内用手控制球时需在4秒内处理，脚控球参与进攻则不受限，在本方半场内控球也不得超过4秒，这使守门员频繁通过挑球、颠球等技术组织进攻，甚至直接凌空射门。

（2）数据支撑：统计显示，沙滩足球比赛中超过60%的进球来自3脚以内的连续传球，这种快节奏的对抗充分展现了速度与力量的美感。

三、沙滩足球比赛的观赏性

（1）由于场地小、球门大，射门次数频繁，沙滩足球技术表现极具张力。

（2）多元射门方式：常见的射门方式包括脚背正面射门、挑球直接射门、门将手抛球助攻、凌空射门、倒钩射门等高难度动作也屡见不鲜。

（3）规则影响：任意球无防守人墙，可直接射门；沙地对球运行轨迹的影响显著（如弹地变向），这增加了守门员扑救难度，进一步增强了比赛的偶然性和观赏性。

四、沙滩足球对球员技术与体能的高要求

沙滩足球的特殊场地条件对球员技术和体能提出双重挑战：

（1）技术特性：沙地松软导致地滚球传球成功率低，球员需更多采用空中传球，对控球精准度和传球技巧要求极高。

（2）体能消耗：沙地阻力较大，限制了球员的移动速度。比赛规则允许无限次换人（因此，高水平比赛中球员通常每3～4分钟轮

换一次）。

五、沙滩足球对球员综合能力的全面要求

沙滩足球是技术、体能、战术高度融合的运动，优秀球员需具备多维能力。

（1）技术核心：熟练掌握挑球和传球技术，确保传球的精准性和速度。

（2）体能基础：结合有氧训练和耐力锻炼及沙地适应性训练，以适应高强度、快节奏的比赛。

（3）战术素养：灵活调整战术策略，强化团队协作与沟通，提升攻防默契。

（4）对抗智慧：敏锐观察对手动向，心中有数地预判攻防节奏并进行有针对性的布防。

（5）持续提升：通过专业培训、录像分析和经验交流等方式，不断优化技术细节。

沙滩足球以其独特的沙地竞技魅力，不仅为参与者带来全方位挑战，更通过高强度对抗与多元技术表现，展现了参与沙滩足球运动的极致乐趣与成就感。

第三节　沙滩足球教学的基本要素

一、教学设计

（1）合理控制练习与休息的间歇时间和强度。

（2）确保场地器材（如标准沙地、球门等）符合规则要求。

（3）依据沙滩足球专项竞赛规律，明确教学重点与内容。

（4）技能练习应与比赛实际要求一致。

二、教学内容

（1）技术教学：涵盖进攻技术、防守技术、守门员技术。
（2）战术教学：包括进攻战术、防守战术、定位球战术。
（3）体能训练：具备力量、速度、耐力、灵敏、协调等素质。
（4）规则学习：以国际足联《沙滩足球竞赛规则》为核心内容。

三、训练课程的基本结构与内容

一堂训练教学课可分为热身、主题、放松3个环节，各环节目标与要求如下（见表1-3）：

（1）准备部分：激活身体机能，适应训练强度；预防受伤；练习内容要与主题环节关联，优先采用结合球的练习方式提升基础技能。

（2）基本部分：聚焦训练重点，通常由2～3个主要技能练习和一场实战比赛构成；训练难度遵循"由简到繁、由易到难"原则，比赛要贴近实战，减少人为限制。

（3）结束部分：逐步减小训练负荷强度，通过静力牵拉缓解肌肉疲劳，缩短恢复周期。

表1-3 一堂训练教学课的基本结构与内容

课程部分	具体内容	时间（分钟）
准备部分	热身与球感激活	15～20
	通过无球动态拉伸、折返跑等练习激活身体机能，为主题训练预热	10～15
	结合球练习（如颠球、接传球、绕杆运球等）改善球感与基础技术的衔接	10～15

续表

课程部分	具体内容	时间（分钟）
基本部分	体能与技术战术整合训练	60～90
基本部分	体能专项：有球/无球的力量（如沙地跳跃）、速度（如折返冲刺）、耐力练习	15～30
基本部分	局部战术训练：小场地（如3V3/4V4）特定规则比赛，强化传切配合与攻防转换	20～30
基本部分	实战模拟：5V5全场对抗（含规则限制，如4秒出球），检验技术战术运用与体能分配	20～40
结束部分	放松与恢复	20～35
结束部分	低强度技术练习（如静态传球、轻量射门）平缓心率	5～10
结束部分	慢跑＋全身静态牵拉（重点拉伸下肢与腰腹肌肉）	10～15
结束部分	功能性训练（如核心稳定性练习）视疲劳程度选择性加入	5～10

四、教师能力要求

（1）职业素养：具备积极的工作态度、公平开放的理念、领导力及清晰的教学目标。

（2）专业能力：精通沙滩足球技术与战术，掌握整体战术体系；熟悉运动心理、生理、解剖及营养学等专项理论知识；具备高效的训练组织能力与计划制订能力。

（3）社会技能：善于沟通协调、解决冲突与决策，能有效激励和动员学生。

（4）教学技能：能清晰阐述教学理念，能熟练运用多样化教学方法，能系统讲解相关理论。

五、教学组织要点

（1）课前准备：完成场地（如区域划分）与器材（如足球、标志物）的布置。

（2）过程管理：教师通过讲解、示范、观察、干预指导、动态调整等方式，控制教学节奏；确保训练区域规格与比赛场地一致，并全程观察学生。同时，在小组练习和实战对抗中，也需注重位置协作与战术模拟。

第四节 沙滩足球比赛的战术原则

沙滩足球比赛的核心原则分为进攻原则和防守原则，二者是球队取得成功的战术基石，体现了比赛中攻防转换的客观规律。以下从实战角度深入分析这两大原则。

一、进攻原则：控球权下的战术导向

沙滩足球的进攻原则，是指球队取得控球权后，在由守转攻过程中应遵循的战术准则，涵盖不同场区与时段的任务、方法和行动逻辑。

（一）空间拓展：利用宽度与深度突破防线

发动进攻的首要任务是通过灵活的无球跑动，充分利用球场的宽度（横向扯动）与深度（纵向穿插），不断扩大对手的防守覆盖面。尽管沙滩足球比赛场地较小，但快速占据空间可压缩对手逼抢时间，例如边锋拉边接应、中场斜插肋部，迫使防守方横向移动出现空当，为传接配合创造有利条件。

（二）直接高效：简化传递链，强化威胁

受沙地阻力影响，地面传球效率较低，因此进攻需注重直接性。一是由守门员发起。门将常通过精准手抛球直接找中锋，或横向分边后由边锋下底传中。二是战术设计。预设1～2种简洁有效的战术

（如边路下底传中、中路空中二过一），利用对手逼抢前的短暂窗口期，通过 2～3 脚触球完成射门。三是关键要素。球员需具备敏锐的传接意识与默契的配合能力，尽量避免因复杂的技术动作导致不必要的控球失误。

（三）机动应变：短兵相接中的快速决策

进入对方半场后，防守方常以紧盯、换位、补位等措施进一步加强防守，这时进攻方通过有球变向与无球穿插打破僵局。一是技术选择。优先使用一脚出球、挑球过人等简洁技术，避免因过多复杂技术导致被对手断球。二是战术协同。预设 2～3 套短传配合方案（如撞墙式二过一），同伴需及时前插接应，形成局部多打少。三是风险提示。沙滩足球攻防转换极快，控球者需提前预判防守距离，避免丢球后遭受快速反击。

（四）攻中带守：兼顾安全与创造性

沙地特性使射门变向概率增加（甚至折射入网），进攻方需把握两大要点：一是减少失误。在前场传球时需调整力度与角度，避免被对手截断并发动反击。二是创造性射门。若防守方未及时逼抢，可抓住机会直接挑射、凌空抽射或利用反弹球破门。据统计，门框范围内的射门得分率超过 50%，因此尽早射门是重要策略。

二、防守原则：失球权后的协同应对

防守原则是指球队丢失控球权后，每个球员在由攻转守过程中应执行的战术规范，旨在通过及时压迫、阵型重组与分工协作等方式遏制对手进攻。

（一）立即压迫：延缓进攻节奏

失球瞬间是夺回控球权的黄金时机。一是第一时间反抢的要点。离球最近的球员需立即冲向持球人，干扰其出球选择，阻止其向前直塞球或长传。二是战术目标。迫使对手回传、横传或高难度传球，为队友回防争取时间，避免被快速反击打穿防线。

（二）线后防守：构建人数均衡阵型

延缓进攻的同时，其他球员需迅速退守到球的后方（即"线后防守"），形成与进攻方对等的人数态势。一是区域防守逻辑。无论是采用盯人防守还是区域防守，需确保每个防守区域"对口"覆盖进攻者，避免出现无人盯防的空当。二是阵型平衡。后卫线与中长线保持横向紧凑，压缩对手穿插空间，尤其注意保护肋部与弧顶区域。

（三）纪律性防守：分工明确与协同补位

攻防人数均衡后，需要通过集体协作巩固防守。一是分工明确。前锋积极主动地参与前场的驱赶与逼抢，中场负责移动、补位与夹抢，创造防守人数优势，后卫负责高空球的拦截与门前的封堵及逼抢等。二是补位机制。当某一区域防守者被突破时，邻近球员需及时补位，原防守者需快速轮转并填补空位，避免防线漏洞。三是核心目标。通过整体协同防守，获得球权，并快速实现射门得分的目标。

总之，沙滩足球的攻防原则始终围绕"沙地特性"展开——进攻需利用场地紧凑性追求简洁高效，防守需依托快速回防与集体协作，创造人数优势来弥补空间劣势。球队唯有将原则融入日常训练，提升球员战术执行力与应变能力，方能在高强度对抗中占据主动。

第二章

沙滩足球技术训练

第一节　跑动技术

在沙滩足球比赛中，跑动技术的重要性不言而喻，却往往容易被忽视。由于沙滩场地松软的特性，维持身体平衡成为运动员面临的首要挑战。跑动时，运动员应降低身体重心，收紧腰腹，充分发挥核心肌群的力量。特别值得注意的是，采用前脚掌着地的方式，可有效减少脚底与沙滩的接触面积，不仅能显著增强变向灵活性，还能减少体能消耗，帮助运动员在比赛中保持更持久的竞技状态。

一、跑动技术训练方法

（一）跑动方式练习（见图 2-1、图 2-2）

1. 组织方法

如图 2-1 所示，在热身环节，教练通过哨声指令，组织球员开展系统化的跑动训练。训练内容包括侧身跑、交叉步跑、变速跑、侧滑步移动、折线变向跑、渐进加速跑和短距离冲刺跑等。每种训练持续 30～45 秒，训练间隙穿插 15 秒原地放松，训练安排有序且有效，以达到最佳热身效果。

2. 指导要点

（1）跑动过程中，保持前后摆臂协调，维持身体重心稳定，采用前脚掌着地的方式。

（2）在变向时，注意及时完成重心转换。

3. 可变化点

（1）球员根据教练不同的哨音信号，及时切换跑动方式。

（2）每轮训练结束后，球员以两人一组猜拳的形式进行互动，输的一方须完成两个俯卧撑。

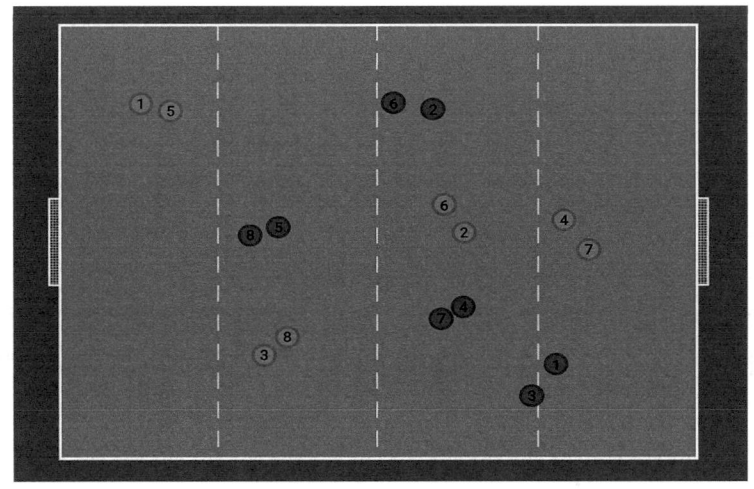

图 2-1 跑动方式练习

图 2-2 跑动方式

(二) 传球游戏

1. 组织方法

如图 2-3 所示,将球员平均分为两组,开展手传球比赛。比赛规则规定,球员传球只能用手完成,并且只有通过头球射门才能得分。当球被对手抱住或球落地时，球权将发生交换。

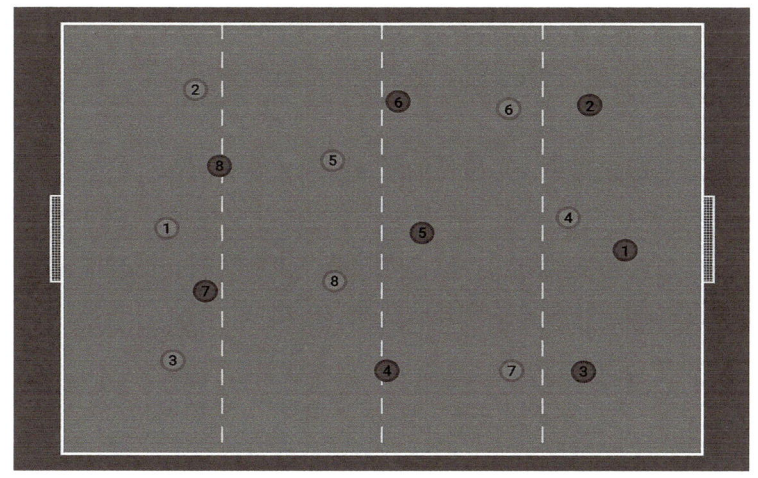

图2-3　传球游戏

2．指导要点

（1）跑动传球过程中，始终保持前后摆臂、重心稳定和前脚掌着地。

（2）鼓励球员多进行变向、变速跑，提升球员在实战中的跑动灵活性。

3．可变化点

当本方球员进行射门时，所有本方球员都需迅速跑向对方半场区域，增加训练的实战模拟强度。

第二节　颠球技术

在沙滩足球运动中，颠球是核心控球技术，指运动员运用脚背正面、脚内侧、脚外侧、大腿、胸部、头部、肩部等身体有效部位，连续触球并保持球不落地的动作。这一技术不仅考验球员的球感，更对球员的身体协调能力提出高挑战。掌握出色的颠球技术，能显著地提升球员在松软沙地的控球稳定性,增强比赛自信心,为传球、射门等后续动作筑牢基础,帮助球员在对抗中创造更多进攻机会。

一、颠球技术类型

沙滩足球比赛中,最常见的颠球技术主要有两种:单侧大腿连续颠球和脚背/脚内侧颠球。前者要求球员保持身体平衡并观察场上局势,以便及时传球或射门;后者则强调在接球瞬间,用脚背正面或脚内侧颠起足球,从而在空中完成精准的传球动作。

(一)单侧大腿连续颠球

在进行大腿颠球时,支撑腿需屈膝支撑身体重心,颠球腿同样需屈膝抬高。当颠球腿大腿抬至水平位置附近时,迅速用大腿中部击球正下方,将球向上颠起。整个过程中,球员要保持单腿连续击球,同时抬头观察周围情况,确保身体平衡。(见图2-4)

图2-4 单侧大腿连续颠球

（二）脚背/脚内侧颠球（见图2-5）

1. 脚背颠球

该技术使用脚趾上方、脚背正面接近趾关节的部位触球。颠球时，支撑腿屈膝承重，注意观察。待球下落时，颠球脚的脚腕适度紧张，用脚背正面部位向斜前上方搓击球的正下方，使球垂直向上回旋。

2. 脚内侧颠球

支撑脚膝关节微屈，重心置于支撑脚，当球下落至膝关节高度时，颠球脚以脚内侧击球的正下方，动作类似踢毽子，将球平衡颠起。

图2-5 脚背/脚内侧颠球

二、颠球技术训练方法

（一）双人颠球练习

1. 组织方法

如图 2-6 所示，教练将球员分为两人一组，在指定区域开展连续传接颠球训练。通过精准传控配合，确保足球不落地，以此培养球员的球感、空间意识和团队默契，同时注意传球力度、对球落点的控制和动作的连贯性。

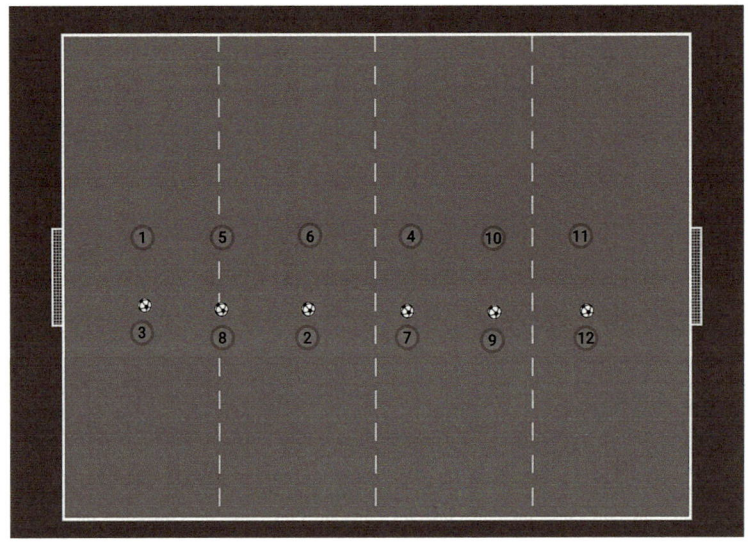

图 2-6 双人颠球练习

2. 指导要点

（1）把握颠球时的触球部位、发力大小与时机。

（2）保持脚下灵活移动，身体放松协调。

3. 可变化点

（1）由教练规定传球时的触球次数与可用触球部位。

（2）在移动（前进或后退）过程中抛球和颠球，加快传接球节奏。

(二)三人颠球练习

1. 组织方法

如图2-7所示,教练安排球员三人一组进行循环传接球练习。每组两名边路球员持球站位,中间球员则需要不停地进行折返跑动,依次接应两侧高空来球并迅速完成精准回传。每组练习持续两分钟后,球员轮换位置,着重提升球员的跑动接应、空中球处理能力和快速转换意识。

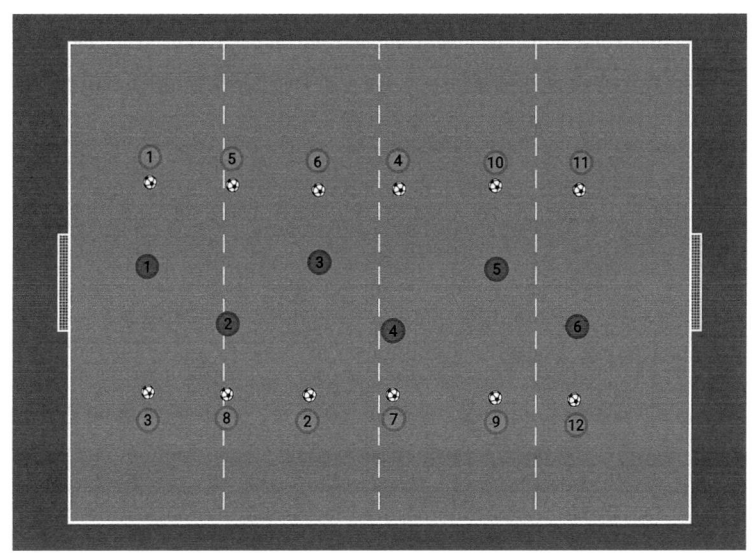

图2-7 三人颠球练习

2. 指导要点

(1)练习全程保持专注,传接球时与同伴进行呼应。

(2)跑动迅速,保持身体平衡,完成传接球后快速转换动作。

(3)控制触球部位与踢球力量。

3. 可变化点

(1)限制颠控球时的触球次数。

(2)要求使用脚内侧、脚背正面、大腿、胸部、头部等不同部位完成回传。

第三节　传球技术

在沙滩足球运动中，传球技术是团队配合的核心要素，指运动员有意识、有目的地将足球传递给队友的技术动作。由于沙滩场地的特殊性，除了常见的脚背正面、脚内侧、头部、大腿等传球方式外，球员还需特别注意球的落点——若球陷入沙坑，直接踢击易导致脚踝、膝关节损伤。因此，比赛中球员经常会将球挑起后进行空中传球，这不仅考验球员的跑动传球能力，更对空中控球精度提出了更高要求。

一、传球技术类型

（一）传地滚球技术（见图2-8）

1. 脚内侧传地滚球

（1）动作要领：身体正对传球方向，支撑脚站在球侧方（距离15～20厘米），传球前，球员应抬头观察目标，选择踢滚动中的球或停在沙丘上的球，这样可以避免足球陷入沙坑增加传球难度及受伤风险。

（2）技术关键：通过髋关节带动小腿自然摆动，脚内侧平面触击球的后中部将球踢起，使球的第一落点至接应队友的脚下。

2. 脚尖传地滚球

（1）动作要领：身体正对目标，支撑脚置于球的侧后方（约20厘米），传球前要先用前脚掌将球拉踩到沙丘上，形成稳定的支撑点；摆动小腿，以脚趾根部触击球的后中部，传球后随前动作要指向目标方向。

（2）技术关键：触球瞬间脚趾需绷直，利用小腿的摆动发力，传球时踝关节绷紧，避免因脚面过度松弛导致传球失控。

图 2-8 传地滚球

（二）传空中球技术

1. 挑传球（见图 2-9）

（1）动作要领：身体正对目标，支撑脚置于球的侧后方，同时用前脚掌将球稳固地踩入沙中；脚背沿球体下滑至底部，借助沙堆反作用力，迅速绷直脚背并紧贴球面，通过提膝摆腿等连贯动作将球向斜上方传出。

（2）控制要点：脚尖始终对准目标，小腿摆动时保持脚背紧绷，通过触球部位（脚背正面）与发力方向的精准配合，控制足球的飞行轨迹。

图 2-9 挑传球

2. 挑球传球（两脚式技术）（见图 2-10、图 2-11）

（1）第一步（挑球）：支撑脚站于球侧后方，前脚掌将球踩入沙中形成支点，脚背顺势下滑贴紧球底；借助沙堆反作用力，同步完成支撑腿屈膝降重心、触球脚抖腕勾脚尖，将球向上挑起至膝关节高度等动作。

（2）第二步（传球）：球离地后迅速调整身体平衡，根据传球需要，灵活选择脚内侧（短距离精准传球）或脚背正面（长距离传球）完成后续动作。整个技术环节要求重心转换流畅，动作衔接紧凑。

图 2-10　挑球脚内侧传球

图 2-11　挑球脚背正面传球

二、传球技术训练方法

（一）双人传接球技术训练方案

1. 组织方法

如图 2-12 所示，将球员分为两人一组，每组球员间隔 10 米站位，使用一球进行不同方式的传接球循环练习，持续 10～15 分钟。

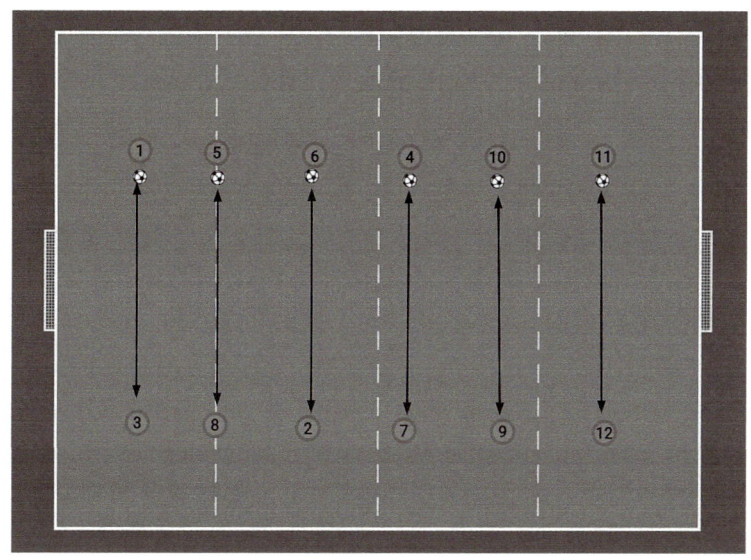

图 2-12　双人传接球技术训练

2. 指导要点

（1）严格规范传球技术：重点关注支撑脚站位（与足球的距离和角度）、触球部位（脚内侧/脚背正面的平面准确性）。

（2）动态调整参数：根据球员能力调整传球力量，确保球速适中；强调观察时机——传球前抬头确认队友位置，避免盲目出球。

3. 可变化点

（1）地形限制练习：要求将球拉踩至沙丘上，再用脚内侧完成传球，强化球员的沙面控球能力。

(2) 动态传球练习：将球拨出制造滚动状态，在球移动中完成脚内侧传球，模拟实战中的接应场景。

(3) 空中传球进阶：直接进行挑传球练习，或先挑球再用脚内侧/脚背正面完成二次传球，提升连贯动作熟练度。

（二）长方形传接球技术训练方案

1. 组织方法

如图2-13所示，将8名球员分为一组，在长25米、宽15米的长方形区域内进行"斜线长传+直线短传"的循环训练：球员3先完成斜线长传至对角，随后逆时针跑位至下一个接应点；球员2接球后则直线短传给球员1，并同样完成逆时针轮转，依此类推完成全员轮换，每组练习5分钟后休息1分钟，重复3组。重点培养球员的传球能力、传跑时机的把握、长短传转换能力及团队轮转默契。

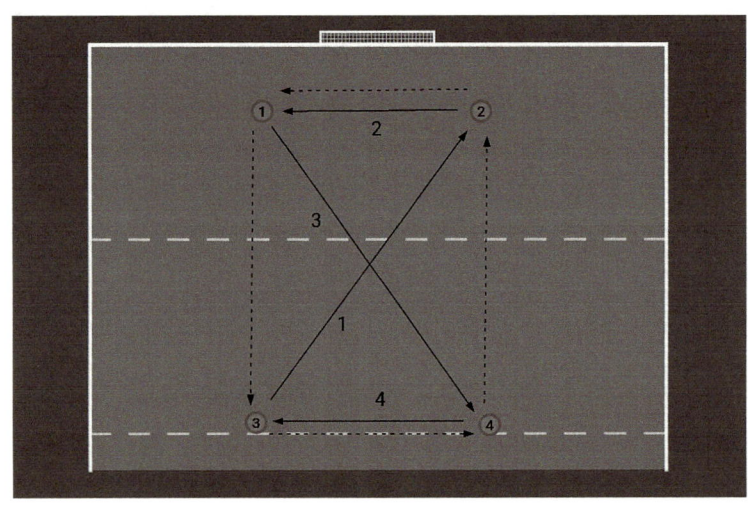

图2-13　长方形传接球技术训练

2. 指导要点

（1）预判与移动：接球前通过碎步调整站位，提前判断来球落点，避免停球失误。

（2）触球精度：强调触球部位与发力（如挑球后脚内侧传球和挑球后脚背正面传球）。

（3）战术意识：跑动、传球时养成回头观察的习惯，明确自身跑位与队友传球路线的协同性，接球前的摆脱和移动接应的意识。

（4）动作衔接：停球和传球需在1～2秒内完成，减少球在脚下的滞留时间，提升球员攻防转换速度。

3. 可变化点

（1）触球限制：规定每次接球后最多触球次数完成传球，强化球员一脚出球能力。

（2）参数调整：随机改变传球方向（如增加横向传球）、延长/缩短传球距离（10～20米动态调整）、混合使用多种传球方式（地滚球与空中球比例1∶1），提升球员适应能力。

第四节　接球技术

在沙滩足球比赛中，接球是串联运球、传球与射门的核心环节。运动员既要准确接应队友的空中传球或地滚球，又要在松软的沙地环境下将球稳定控制。这项技术可通过脚内侧、大腿、胸部等部位完成，对运动员的球感、协调性和平衡能力要求极高。特别是在判断球的落点和保持身体平衡方面，由于受沙地的特殊性影响，其技术难度远超常规足球场地。

一、接球技术类型

（一）接地滚球技术

在沙地环境下，准确判断地滚球的滚动路线是接地滚球的首要前提。采用脚内侧接控球是最佳选择，它的主要优势在于扩大了触球面积，便于将球控制在身体活动范围内。

脚内侧接地滚球的动作要领：接球时，应通过快速脚下移动调整站位，支撑脚要正对来球方向，同时膝关节微屈降低重心以保持身体平衡；接球腿屈膝外转并前迎，用脚内侧触球。在球与脚接触的瞬间，需要迅速后撤以缓冲来球力量，并在后撤过程中将球控制在可控区域，为下一个动作做好衔接准备。

（二）接反弹球技术

接反弹球的关键在于精准预判球落地的第一落点。由于沙地表面凹凸不平，球一旦着地它的反弹角度难以预测。因此，运动员需争取在球落地的瞬间完成接球动作，并快速衔接后续动作，如直接运球或挑传球。

前脚掌接反弹球的动作要领：提前通过脚下移动预判球的落点，当球落地的瞬间，迅速提膝抬脚（运用前脚掌或脚内侧）下压来球，同时保持身体平衡，完成接球后即刻衔接下一个技术动作。

（三）接空中球技术（见图2-14）

接空中球时，保持身体平衡和准确判断球的飞行路线至关重要。作为沙滩足球比赛中重要的过渡性技术，第一次触球的质量直接影响后续传球、控球和射门的效果。

接空中球的动作要领：通过灵活的脚下移动预判球的落点，保持身体平衡稳定；根据球的高度和位置，选择适宜的身体部位（如大腿、胸部、脚内侧等）接球，确保触球动作协调连贯，触球时将球向上顶起，接球后迅速衔接下一个动作，同时保持身体平衡。

图2-14 接空中球

二、接球技术训练方法

(一) 横向移动接球技术训练方案

1. 组织方法

将球员分为三人一组,每组配备两个球。如图2-15所示,球员3先接球员2的手抛球,回传后通过横向侧滑步移动至另一侧,再接球员1的手抛球并完成回传动作。球员3和其他两名球员的距离保持在3~5米,重复15~20次后,三人交换位置。

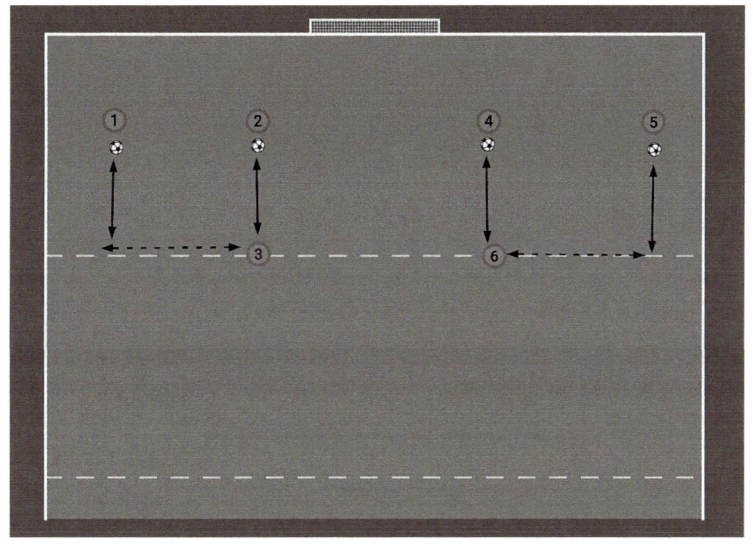

图2-15 横向移动接球技术训练

2. 指导要点

(1) 接球时与传球者做好呼应,脚下移动要迅速。

(2) 准确判断球的落点,合理控制触球力量。

(3) 保持身体放松状态,确保触球部位准确无误。

3. 可变化点

(1) 尝试运用大腿、胸部或头部等不同部位接球,也可结合多部位进行接控球训练。

（2）减少一球，接球后传给另一接应人，再接回传球并完成二次转移，强化转移式接控球能力。

（二）接守门员抛球技术训练方案

1. 组织方法

如图2-16所示，将球员分为两组，由守门员发起训练。接球球员从边路快速前插，接应守门员的抛球，接球后将球传给对面的守门员。两组可同时进行，循环练习。

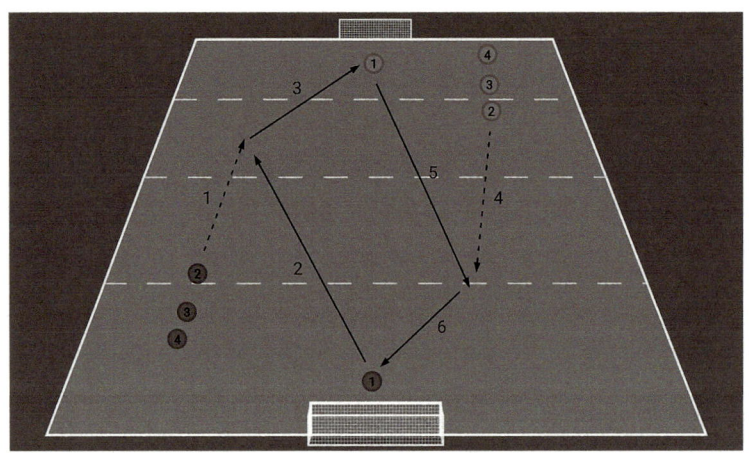

图2-16　接守门员抛球技术训练

2. 指导要点

（1）快速前插跑动，过程中注意回头观察来球。

（2）精准预判球的落点，根据球的位置合理选择停球部位。

3. 可变化点

增加训练难度，要求球员在空中完成接球与传球动作，提升球员对高空球的处理能力。

第五节　运球技术

在沙滩足球运动中，运球技术是球员个人突破的核心技能，主要涵盖基础运球、运球过人、运球突破三大类。基础运球强调通过连续推拨动作保持控球，运球过人侧重运用变向、变速等技巧摆脱防守，运球突破则致力于突破除守门员外的最后防线。这三种技术相辅相成，共同构成了一个完整的个人进攻的关键技术体系。

一、运球技术类型

沙滩足球比赛中，运动员常用的运球技术包括脚背正面运球、脚背外侧运球、脚内侧运球。直线推进时，运动员多采用脚背正面或脚背外侧运球；曲线变向时，采用脚背外侧与脚内侧运球更为适用；而在需要身体掩护球的场景下，脚背外侧和脚内侧运球往往成为首选。由于沙地的特殊性，把握好触球的时机尤为关键，建议在球滚动至沙丘时触球，以确保动作连贯流畅，避免失误。

（一）脚背正面运球

1．动作要领

跑动时，身体自然放松，上身稍向前倾，步幅要小。运球时，抬起的脚膝关节弯曲，脚跟提起，脚尖垂直指向地面，在向前迈步的过程中，用脚背正面部位触击球的后中部，推动球向前滚动。若球陷入沙坑中，则需要采用"挑球运球"的方式触球。

2．技术特点

适用于前方空间开阔、需要快速推进或突破的场景，能让运动员充分发挥自身的速度优势，为球队创造更多的进攻机会。

(二) 脚背外侧运球 (见图 2-17)

1. 动作要领

跑动时，身体自然放松，上身稍向前倾，步伐要小而灵活。运球时，脚抬起后膝关节弯曲，脚跟提起，脚尖内旋，以脚背外侧触击球的后中部，驱动球向前。若球陷入沙坑中，则需采用"挑球运球"的方式触球。

2. 技术特点

不仅适用于长距离快速推进，而且在向运球脚一侧转身变向时也极具优势，可有效迷惑防守球员。

图 2-17 脚背外侧运球

(三) 脚内侧运球

1. 运动要领

跑动时，身体自然放松，上身要稍向运动方向前倾，运球脚提起时膝关节稍弯曲，脚跟提起，脚尖稍外转，运用脚内侧推动球向前。

2. 技术特点

常用于支撑脚一侧变向，多采用"之"字形路线。作为运球速度最慢的方式，脚内侧运球在边线、死角区域或需要用身体作掩护时发挥关键作用。球员可通过侧身转体、巧妙地挤靠防守球员，以保证球不被对方抢走；在沙地运球变向时，脚内侧触球也能提供良好的控制稳定性。

二、运球技术训练方法

（一）运球接力训练方案

1. 组织方法

将球员分为三人一组，每组配备一球。如图 2-18 所示，球员需依次运用运球技术绕过标志桶，完成绕桩后迅速转身传球给下一名球员，如此循环往复进行练习。

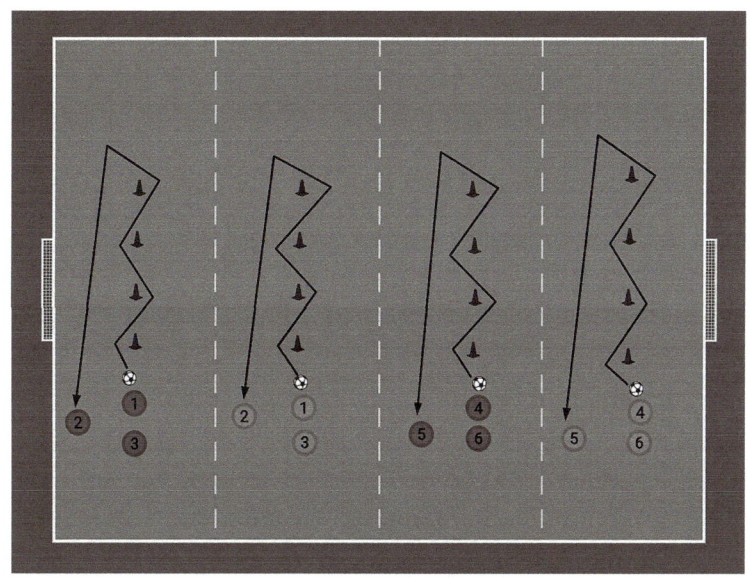

图 2-18 运球接力训练

2. 指导要点

（1）运球过程中，保持抬头观察，降低身体重心，提升控球稳定性。

（2）运球时，控制人与球的合理距离，注意变向时触球部位的准确性。

3. 可变化点

（1）调整运球方式（脚背正面、脚背侧面、脚内侧等交替使用）及调整运球的距离或标志桶的间距。

（2）以比赛的形式开展运球接力训练，增加训练趣味性与竞技性。

（二）运球1V1训练方案

1. 组织方法

如图2-19所示，将球员分为攻守两组，防守球员在角球区域沿边线将球传至中线位置的进攻球员，然后展开防守。进攻球员得球后，需通过运球变向等方式摆脱防守并完成射门。每轮攻防结束后，原防守球员转为进攻者，原来的进攻球员回到另一边队伍，两组循环进行练习。

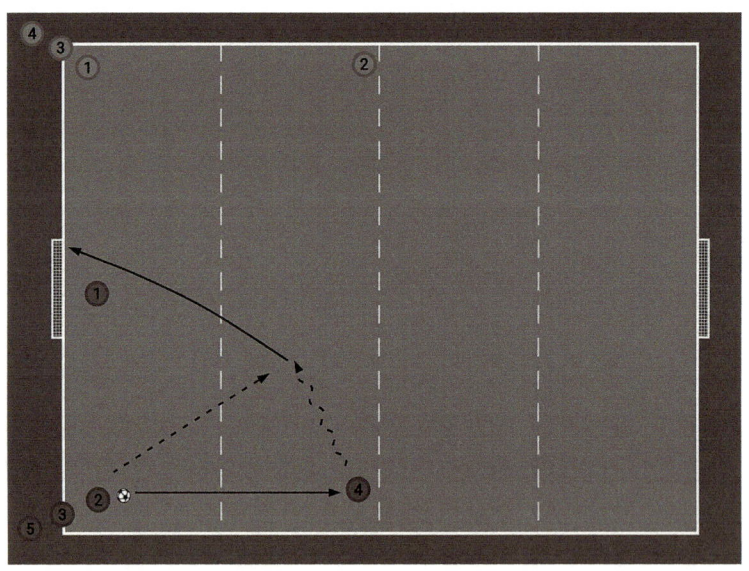

图2-19 运球1V1训练

2. 指导要点

（1）进攻方需密切观察防守球员的位置，保持安全距离，灵活创造突破空间。

（2）运球时，灵活运用节奏变化、假动作以及变向加速技巧，以提高过人的成功率。

3. 可变化点

将球员分为两组进行正式比赛，由教练记录得分，强化实战对抗效果。

第六节　射门技术

在沙滩足球比赛中，射门技术作为最具观赏性的进攻终结手段，是指运动员有目的性地将球攻向对方球门的技术动作总称。沙滩足球场地尺寸较传统足球场明显缩小［通常为（35～37）米×（26～28）米］，使得攻防转换节奏加快，球门间距缩短。这不仅显著增加了每场比赛的射门次数，也大大提升了比赛的激烈程度和观赏性，让射门技术成为决定比赛胜负的关键因素。

一、射门技术类型

在沙滩足球比赛中，运动员的射门技术可根据球的状态主要分为五种：地滚球射门（球在地面滚动时完成）、挑球射门（将球挑起后的射门）、凌空射门（直接迎击空中来球，包括倒钩射门和侧凌空射门）、头球射门（利用头部攻门）以及定位球射门（在固定球位时的射门）。

（一）地滚球射门技术

在完成地滚球射门时，运动员首先需尽量避免足球陷入沙坑，否则容易造成脚/踝关节或膝关节损伤。由于射门时的发力远大于传球，规避受伤风险尤为重要。

动作要领：采用斜线助跑，支撑脚轻落于球侧后方，避免因用力踩沙导致球位偏移影响射门质量。在支撑脚着地的同时，击球腿以髋关节为轴，由大腿带动小腿向后摆动，当击球腿的膝关节摆动至足球上方时，小腿爆发式前摆，注意上身向前压低重心，使用脚背正面或脚背内侧击打足球的后中部位置。击球后，身体重心随击球腿前摆，向目标方向跟进。

（二）挑球射门技术（见图2-20）

沙滩足球运动员常通过先挑球再射门的方式，提升射门力量与准确性。这项技术由挑球和射门两个动作构成，虽然技术难度较高，在强对抗场景下难以施展，但能有效减少沙地对球运行路线的干扰。

动作要领：身体正对传球方向，支撑脚立于足球侧后方，用前脚掌将足球踩入沙中形成支点。随后，脚背顺势下滑贴紧足球底部，借助沙堆的反作用力，同步完成支撑腿屈膝降重心，触球脚抖腕勾脚尖，将球向斜前方挑起一步距离。此时支撑脚可迅速向前跨步蓄力，在保持身体平衡的同时完成摆腿击球的动作，击球后注意要控制小腿摆动的幅度，避免射门过高。

图2-20 挑球射门技术

（三）凌空射门技术

倒钩射门和侧身凌空射门是沙滩足球中极具观赏性和挑战性的技术动作，通常在胸部停球、头部颠球、大腿停球后，或直接接应空中来球时完成。

1. 倒钩射门（见图 2-21）

倒钩射门是沙滩足球中难度最高的技术动作，是展现球员实力的标志性技能。比赛中，运动员常将球颠控至胸部高度，或接队友过顶球后直接完成射门。

动作要领：击球腿发力蹬地，身体腾空，上体后仰成 90 度左右，同时摆动腿朝球移动，与支撑腿呈剪刀式交叉。迅速抬起支撑腿并用脚背正面击球。在击球的瞬间，身体应向击球腿的反方向转身，借助一侧手臂来缓冲着地的冲击力，以降低背部受伤的风险。

图 2-21　倒钩射门

2. 侧凌空射门（见图 2-22）

图 2-22　侧凌空射门

侧凌空射门根据球的高度一般分为凌空抽射、侧凌空扫射（又称剪刀腿）。

动作要领：击球腿蹬地起跳，身体向侧面扭转约90度，同时摆动腿迎球摆动并与支撑腿形成交叉，抬起支撑腿并用脚背正面击球，击球时身体呈保持水平悬空状态。动作完成后，借助一侧手臂缓冲着地，以减少背部受伤的风险。

（四）头球射门技术

头球射门是沙滩足球中处理高空球比较常见的方式，对运动员的技术能力、身体协调性，以及在松软沙地起跳和保持平衡的能力要求极高。头球技术依据顶球时的身体状态，可分为原地头顶球、跳起头顶球、鱼跃头顶球。

1. 原地头顶球

原地头顶球是指身体正对来球方向，观察球的运行路线与速度，确定顶球的最佳位置。

动作要领：两脚左右或前后开立，膝关节微屈，重心置于两脚间或后脚，两臂自然张开。当球运行到垂直地面位置时，两腿用力蹬地，迅速前摆上体，微收下颌，上身爆发式前摆，用前额正面击球的中部，上体继续随着前摆动作跟进。

2. 跳起头顶球（见图2-23）

跳起头顶球常用于处理本方或对方传来的高球，一般采用单脚起跳，起跳时上体向侧后方仰。

动作要领：两膝屈，降低重心，两脚用力蹬地起跳，同时两臂屈肘上摆。在身体上升阶段，要展腹挺胸，两臂自然张开，注视来球，使身体自然形成背弓姿态。当球运行至身体额状面时，迅速收腹并前摆上体，上身爆发式前摆，用前额正面球顶，同时两腿前摆。球顶出后，两腿屈膝屈踝落地。

图 2-23 跳起头顶球

3. 鱼跃头顶球（见图 2-24）

该动作适用于顶离身体较远的低空球，常用于前锋抢点射门或防守球员门前解围。因其姿态如鱼跃起而得名。

动作要领：单脚或双脚起跳，身体重心置于起跳脚前脚掌，跳起后身体与地面近乎平行。在触球的时候，用前额正面把球向前顶出。落地时，两臂屈肘撑地，随后脚跟着地滑行，或侧滚卸力，以防摔伤。

图 2-24 鱼跃头顶球

（五）任意球射门技术

在沙滩足球比赛中，规则允许主罚球员在任意球前用脚堆沙成垒，将球置于沙堆上优化射门角度，但严禁用手触碰沙子。由于比赛禁止防守方排人墙，加之场地较小、球门较大，使得任意球成为极具威胁的得分手段。规则特别规定任意球必须由被犯规球员亲自主罚，这就要求包括守门员在内的所有球员都需熟练掌握该技术。因此，任意球专项训练成为重要环节。

动作要领：球员可将球置于预先堆好的小沙堆或平整沙面。助跑时，身体正对目标，采用长距离助跑蓄力。需特别注意，支撑腿落地时踏地动作要轻，与球保持适当距离，避免因沙面松软导致球的位置移动。以脚背正面射门为例，击打球体的中上部，利用沙地特性制造不规则反弹，干扰守门员的判断，提升射门成功率。（见图2-25、图2-26）

图2-25 前场任意球

图2-26 后场任意球

二、射门技术训练方法

(一) 地滚球射门训练

1. 组织方法

将球员分为传球组(角球区)和射门组(中场)。如图2-27所示,角球区球员沿边线精准传球至中场球员脚下,传球后轮换至中场;中场球员接球后应快速拨球摆脱并射门,随后轮换至传球组,循环练习。

2. 指导要点

(1) 选择滚动中的球射门,避开凹陷沙地。
(2) 保持身体重心稳定,确保触球位置准确。
(3) 精确发力,加快小腿的摆动速度完成射门。

3. 可变化点

(1) 增加射门的距离,左右脚交替进行练习。
(2) 改变射门部位,如使用脚内侧、脚背内侧、脚背正面等。

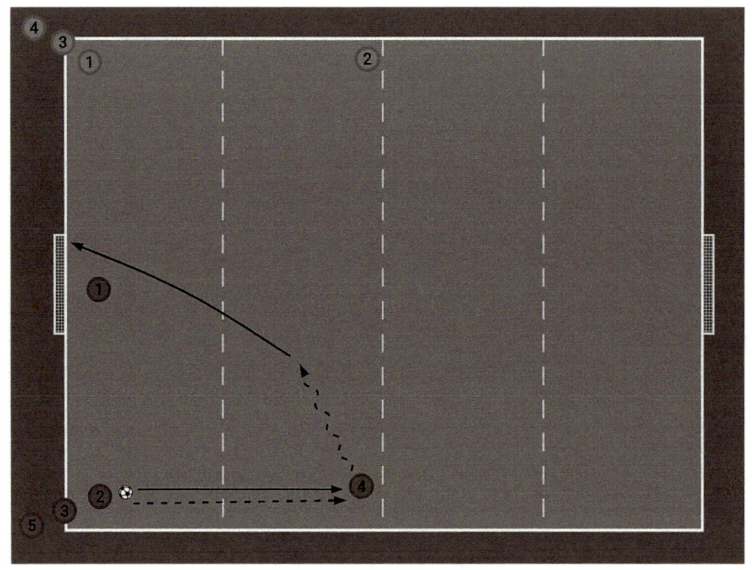

图 2-27　地滚球射门训练

（二）挑球射门训练

1. 组织方法

如图 2-28 所示，将球员分为两组进行挑球射门练习，先在空中完成二过一的战术配合，接球球员挑球后完成射门。

2. 指导要点

（1）确保挑球动作连贯流畅。

（2）精准控制触球部位与力度。

（3）射门时，身体应保持正直或稍前倾。

（4）挑球时，将球挑向身前一步的位置，这样便于更好地蓄力摆腿。

3. 可变化点

在射门成功率提升后，球员尝试在跑动中完成挑球射门。

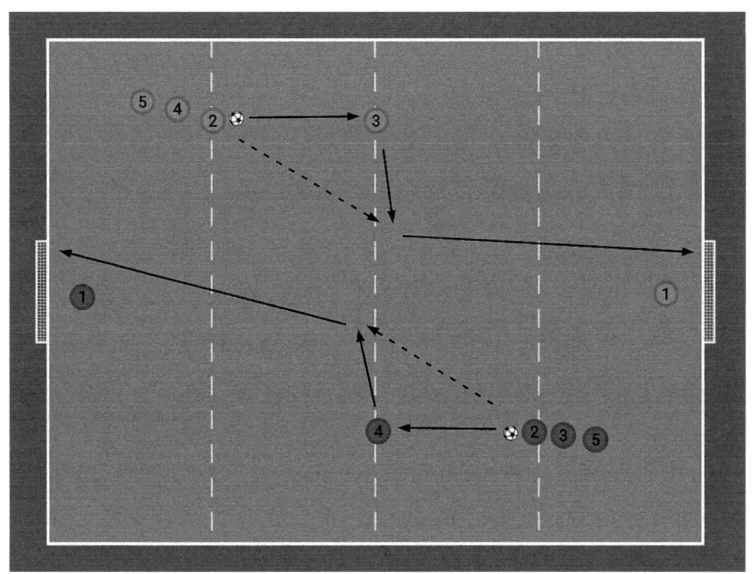

图 2-28 挑球射门训练

(三) 任意球射门训练

1. 组织方法

如图 2-29 所示，每人执一球，轮流进行任意球射门练习。

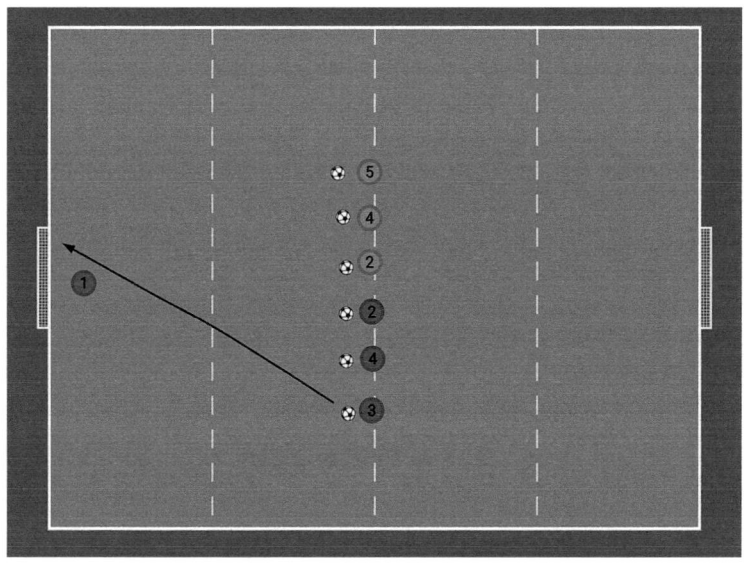

图 2-29 任意球射门训练

2. 指导要点

（1）掌握正确的摆球方式。

（2）长距离助跑时，保持身体重心前倾。

（3）支撑腿轻踏地面，避免影响球的位置。

（4）射门时，注意力要集中在目标上，确保触球部位精准。

3. 可变化点

调整射门的距离，增加训练的难度。

（四）倒钩射门训练

1. 组织方法

将球员分为两组进行倒钩射门练习。如图2-30所示，球员4接球员2的挑球，通过胸部或大腿停球后，使用倒钩方式射门。如果传球不够精确，球员可再次挑球后射门。完成动作后，球员4回到一侧队列，球员2接球射门，循环练习。

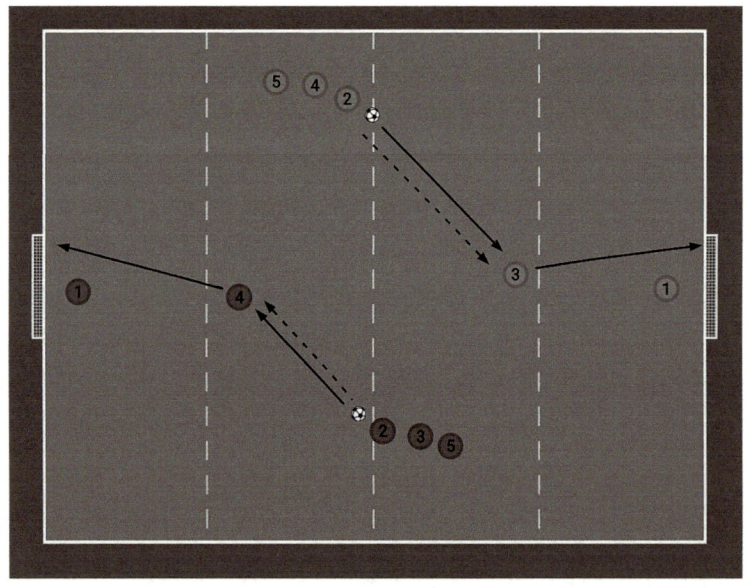

图2-30 倒钩射门训练

2．指导要点

(1) 保证第一次触球的质量。

(2) 准确预判球的落点。

(3) 保持协调、稳定的身体姿态。

(4) 注意落地保护意识，预防运动伤害的发生。

3．可变化点

(1) 技术不熟练时，球员可进行躺卧抛球、半蹲抛球等分解动作练习。

(2) 技术熟练后，球员可尝试不停球直接倒钩射门。

(五) 侧凌空射门训练

1．组织方法

如图2-31所示，将球员分为两组进行侧凌空射门练习，守门员手抛球传至中路，接球球员与前锋完成空中二打一配合后，前插进行侧凌空射门。

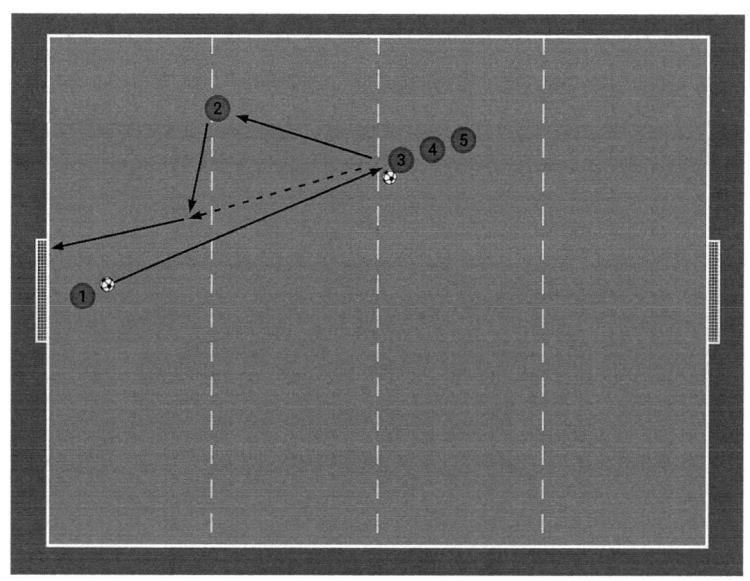

图2-31　侧凌空射门训练

2. 指导要点

（1）保证第一次触球的质量。

（2）对球落点的预判准确。

（3）保持身体姿态协调、稳定。

（4）注意落地保护意识，预防运动伤害的发生。

3. 可变化点

（1）传球不精确，最后一传可以用手传球。

（2）将起始点改为前场边路，以界外球的形式发球射门。

（六）头球射门训练

1. 组织方法

如图2-32所示，将球员分为传球组和射门组，射门组球员接角球后，采用头球射门，随后变换方向接相反方向角球继续射门，完成10组头球射门后，交换位置。

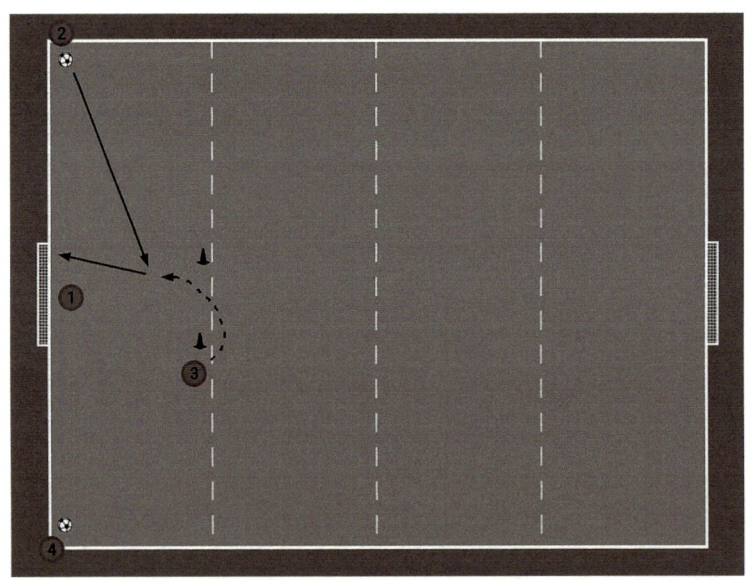

图2-32 头球射门训练

2. 指导要点

（1）通过脚下移动，注意判断球的落点，快速前插。

（2）目视来球，用前额击球，使用腰腹发力。

3. 可变化点

技术熟练后，进攻球员可尝试采用鱼跃顶球，以提升射门的威胁性。

第三章

沙滩足球进攻战术训练

沙滩足球因其独特的场地条件，使得球在空中传递频率极高，进而使进攻战术具有简单直接的特点。在高水平赛事中，守门员不仅深度参与进攻组织，还经常直接完成射门，这进一步强化了进攻的直接性，提高了进攻的效率。因此，沙滩足球的进攻战术训练与教学尤为注重简洁高效的配合模式，以及对进攻时机和节奏变化的精准把控。具体而言，沙滩足球进攻战术主要涵盖个人进攻战术、小组进攻战术、整体进攻战术及定位球进攻战术四个板块。

第一节 个人进攻战术

个人进攻战术是指运动员在比赛中根据临场形势，自主选择并执行的进攻策略。其训练核心聚焦于提升运动员在特定对抗场景下的个人突破、控球和射门能力，旨在培养运动员独立破解防守、创造得分机会的实战技能。

一、个人进攻战术类型

（一）一对一持球进攻战术

在沙滩足球比赛中，一对一持球进攻是指持球球员面对防守时，通过合理的运控球或接传球操作，保持控球权并伺机完成突破、射门或创造进攻机会的个人战术行为。这种战术通常以连贯性组合的形式呈现，例如运球变向突破后传球、运球突破直接射门、接球后快速转身传球等，通过流畅的技术衔接撕开对方防线，为球队创造得分机会。

一对一持球进攻战术的核心在于快速准确的临场判断与高效的进攻终结，具体实施要点如下：

（1）直接进攻：抓住一切有利时机，尽可能向前推进并果断完成射门，直接威胁对方球门。

(2) 速度节奏变换：灵活运用加速、减速、变向等技术手段，通过节奏变化来摆脱防守，寻找射门或突破的最佳时机。

(3) 回传再组织：若正面推进受阻，可将球回传给守门员并迅速转身摆脱盯防，重新接球后展开二次进攻。

(4) 抗压处理能力：在防守压力下保持冷静，稳定完成传控球或果断起脚射门。

(5) 球权保护优先：当向前推进路线被完全封堵，且无传球、射门机会时，应优先采用身体护球，避免丢失控球权。

（二）一对一无球接应战术

在沙滩足球比赛中，一对一无球接应战术是指运动员通过目的性极强的无球跑动，为自己或队友创造合理空当的战术行为，通常包括无球跑位和接球后处理两个关键环节。这种战术强调无球技术与有球技术的有机结合——无球跑动为接球创造空间基础，而接球后的技术发挥则考验运动员的控球能力及对空当的敏锐捕捉。常见的无球跑位技术包括变向穿插、斜线切入、反向折返等，通常与有球技术形成连贯战术组合，例如"跑位—接球—传球"，或"跑位—接球转身—射门"等，从而实现高效的进攻配合。

二、个人进攻战术训练

（一）1V1 进攻战术训练

1. 组织方法

如图 3-1 所示，将球员分为进攻组和防守组，在规定的训练区域内进行一对一的攻防对抗。练习开始时，守门员以手抛球的方式直接将球传给进攻组的前锋。前锋需通过灵活的无球跑动摆脱防守球员接球，随后完成射门动作。

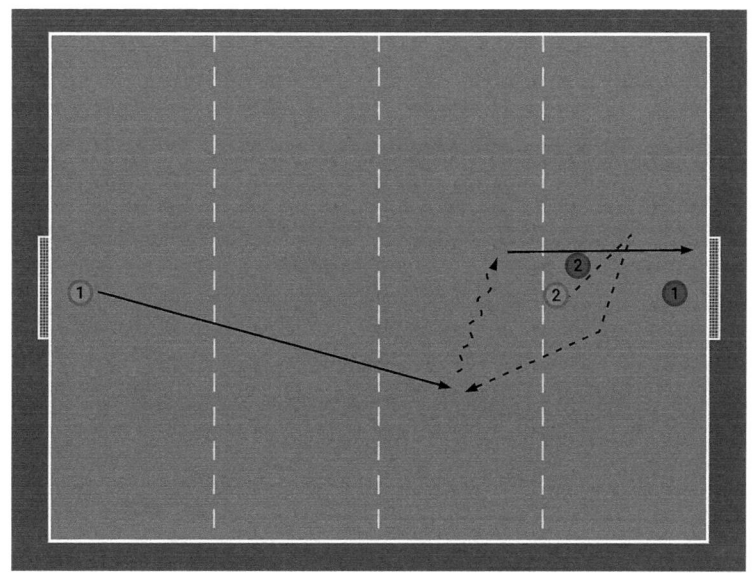

图 3-1 1V1 进攻战术训练

2．指导要点

（1）无球摆脱技巧：前锋在接球前应通过变向，有效摆脱防守球员，创造接球空间。

（2）时机精准把控：根据传球路线和防守球员的位置，选择最佳时机接球，确保控球的稳定性。

（3）空间敏锐观察：实时观察场上局势，善于发现并利用场地的空当，为接球后的下一步动作创造更多选择空间。

（4）技术灵活运用：接球后根据场上形势，合理选择控球、突破或传球等技术动作，保持进攻的流畅性。

3．训练变式

（1）接球转身射门：进攻球员在接球后迅速转身，直接完成射门动作。

（2）倒钩射门挑战：尝试在接球后直接使用倒钩技术完成射门，提升进攻的突然性和威胁性。

（二）1V1 变向突破训练

1．组织方法

如图 3-2 所示，将球员分为进攻组和防守组开展对抗训练。练习开始时,由防守方将球传给进攻方,随后迅速靠近并展开逼抢。进攻方接球后,需通过运球变向完成过人,并根据得分规则进行计分:将球射入指定小门得1分,运球穿过小门得2分。

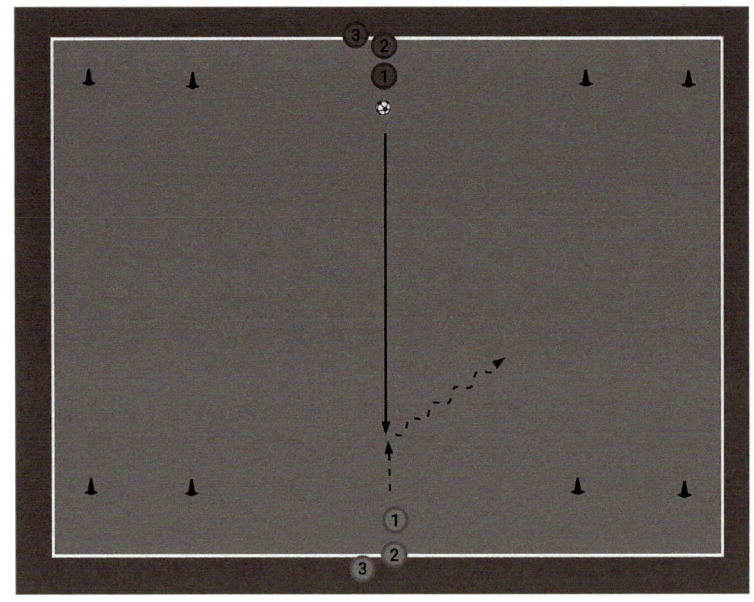

图3-2 1V1变向训练

2. 指导要点

(1)接球前预动:接球前保持脚下灵活移动,提前为接球创造有利位置。

(2)运球节奏掌控:运球时,注重变向与变速的结合,以提升突破成功率。

(3)假动作运用:合理运用虚晃、停顿等假动作来迷惑对手,实现有效摆脱。

(4)扣球技术强化:熟练掌握脚内侧扣球变向技术,以提升突破成功率。

3. 训练变式

将原有的运球得分规则调整为直接射门得分,以进一步强化进攻的威胁性。

第二节　沙滩足球小组进攻战术解析与训练指导

小组进攻战术是指由 2～3 名运动员组成战术单元，围绕特定目标展开协作配合。其训练重点在于提升局部场景下的配合效率，通过两人或三人协同练习与特定战术位置的专项训练，旨在提升小组成员之间的协作默契、战术决策能力，并确保行动的统一性和进攻的高效性。

一、小组进攻战术类型

沙滩足球的小组战术以两人传切配合和三人轮转配合进攻战术为核心，旨在通过默契协作与灵活跑位撕开防线，创造得分机会。

（一）传切配合进攻战术

在沙滩足球比赛中，传切配合（也称"传跑配合"）是指两名球员通过传球与跑动技术形成高效战术组合。这种配合形式包括墙式二过一、空中二过一、掩护二过一等，并衍生出"传球—变向跑""传球—跟球跑""直传—斜插跑"等变化，其核心在于利用默契的配合与灵活的跑位，巧妙突破对手防线，创造进攻机会。

指导要点：一是无球接应，传球后迅速进行有效的无球跑动，为队友提供有效接应点；二是时机把控，精准把握传跑节奏，确保战术执行的连贯性；三是以多打少，通过默契配合，创造局部人数优势；四是默契配合，提升传接球精准度，以增强战术成功率。

（二）轮转配合进攻战术

轮转配合是沙滩足球特有的战术，指场上球员按照固定的传球和跑动路线重复配合的方式。通过反复拉开和靠近接应，可以充分发挥局部人数优势，延长控球时间并伺机有效发动快攻。常见形式包括第三人跑动与局部三人的"8"字轮转，以及三人的整体轮转跑动。但需要注意的是，机械执行这些战术易导致进攻缺乏变化，因此必须根据实际情况灵活调整。

指导要点：一是观察局势。时刻关注场上动态，根据防守布局动态选择最合理的配合策略。二是传跑节奏。精准把握传球与跑动的时机，确保战术执行的流畅性。三是创造优势。通过默契的配合，形成以多打少的进攻局面，提升威胁性。四是团队沟通。保持高效沟通，统一行动步调。五是默契配合。通过增强传接球的稳定性和准确性，可以提高战术成功率。

二、小组进攻战术训练

（一）二过一配合训练

1. 组织方法

如图3-3所示，练习开始时，守门员将球传给进攻方的球员2，球员2接球后迅速长传给球员3，同时快速斜插接应；球员3控球后回传给球员2，由球员2完成射门。

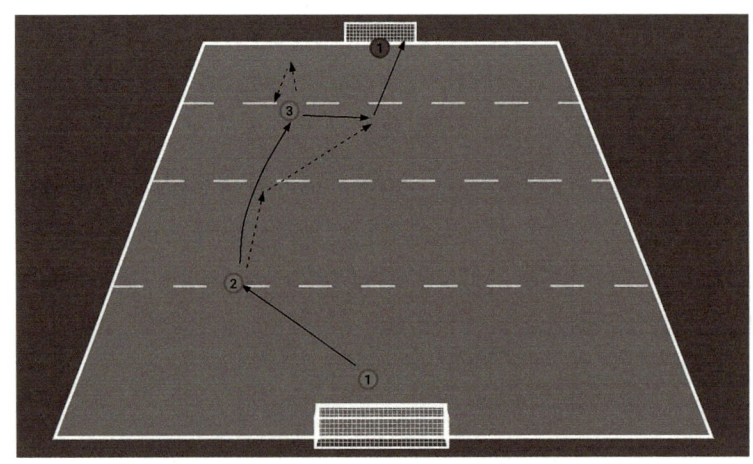

图3-3　二过一配合训练

2. 指导要点

（1）精准传球：确保传球的时机与落点，为进攻球员创造最佳的接球条件。

（2）控球稳定：进攻球员应具备良好的控球能力，确保接球后迅速稳定球权，为下一步动作做好准备。

（3）摆脱技巧：进攻球员善于运用变向、加速或假动作等方式摆脱防守，为自己创造更多接球空间。

3. 训练变式

（1）直接射门：接球后，进攻球员迅速完成射门，以增强进攻的突然性和威胁性。

（2）弱侧接应：进攻球员根据防守球员的位置，选择向防守薄弱的一侧接应，以创造更好的进攻机会。

（3）中锋终结：中锋球员利用身体优势或技术能力，直接完成射门，以增强进攻的终结效率。

（二）第三人跑动配合训练

1. 组织方法

如图 3-4 所示，训练开始时，球员 2 将球传给守门员，随后迅速变向前插。守门员用手抛球给球员 3；球员 3 通过摆脱防守接球，并将球传给前插的球员 2，由球员 2 完成射门。

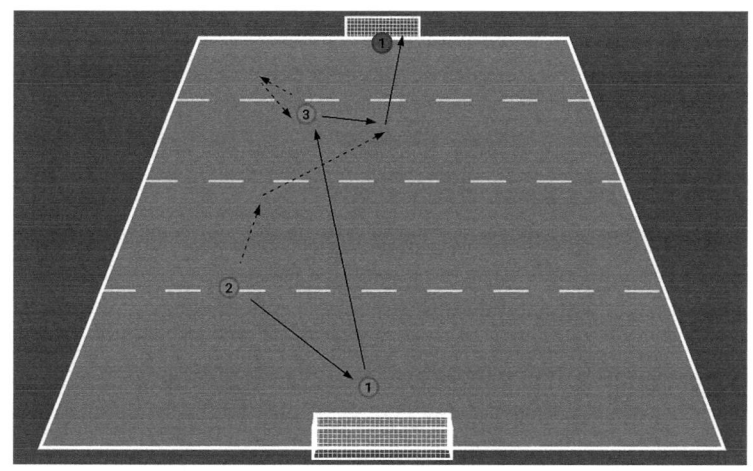

图 3-4　第三人跑动配合训练

2. 指导要点

（1）时机协同：传球球员与接应球员需默契配合，确保传球时机与跑动路线的完美契合，避免出现衔接脱节或失误。

（2）创造空间：通过无球跑动和传球配合，拉开防守阵型，为进攻制造更多的空间。

（3）触球质量：接球球员在第一次触球时需确保动作的精准性和合理性，为后续进攻做铺垫。

（4）射门选择：根据场上形势选择合理的射门方式（如推射、抽射或挑射），并注重射门的准确性和力量平衡。

3. 训练变式

（1）做球变向：根据防守球员的位置和跑动路线，灵活调整传球方向，增加战术的多样性和不可预测性。

（2）位置调整：接应球员可选择在底角或中路等不同区域接球，利用场地宽度和纵深制造进攻威胁。

（三）异侧前插配合训练

1. 组织方法

如图 3-5 所示，训练开始时，守门员掷球给球员 2，球员 2 接球后，首先观察中锋球员 5 的位置，随后将球横向传给球员 3 过渡，随即向远侧移动，为前插创造空间；球员 3 接球后快速将球转移至远端球员 4，球员 2 快速前插，由球员 4 将球挑传给球员 2，球员 2 接球后根据场上形势选择射门或将球传给中锋球员 5。

2. 指导要点

（1）传球时机：确保传球的准确性，同时根据场上形势选择最佳传球时机，为接球球员创造有利条件。

（2）局势观察：接球后，球员在控球后应第一时间判断前锋的跑位和接应路线，为下一步传球或突破做好准备。

（3）跑位选择：前锋球员需根据防守球员的位置和队友的传球意图，合理选择拉开或前插的时机，为进攻创造空间和机会。

（4）机会捕捉：进攻球员在传球时应注重准确性和合理性，同时具备敏锐的机会捕捉能力，确保进攻的连贯性和威胁性。

3. 训练变式

（1）长传配合：球员3在接到长传后迅速与球员5进行联动，完成射门。

（2）直传接应：球员2接球后直传球员5，球员5接球后与球员3进行配合，完成射门。

（3）动态调整：根据场上防守球员的位置和跑动路线，实时优化进攻配合策略，确保进攻的合理性和有效性。

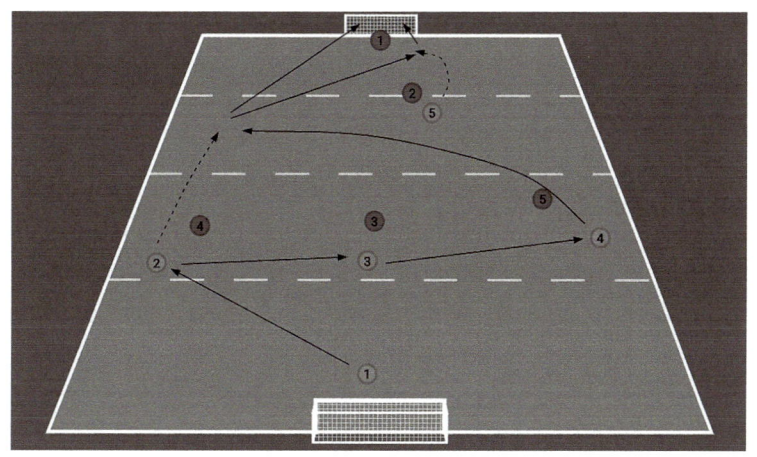

图3-5　异侧前插配合训练

第三节　沙滩足球整体进攻战术解析与训练指导

整体进攻战术是指场上所有运动员作为一个有机整体，通过高度协同配合展开进攻行动。该战术必须紧密结合比赛阵型和实际场景进行设计，以个人战术和小组战术为基础，借助多样化阵型组合，形成丰富的战术体系和移动配合策略。整体进攻战术训练通常遵循"组织阵型—传接移动—创造空间—传接配合—形成射门"流程。根据不同的阵型战术要求，通过合理布置后卫、中场和前锋的位置，确保各线之间密切配合协调联动，尤其是后卫和前锋两条线的有效配合，从而全面提升整体进攻的高效性和威胁性。

一、进攻战术类型

（一）1-3-1进攻阵型（见图3-6）

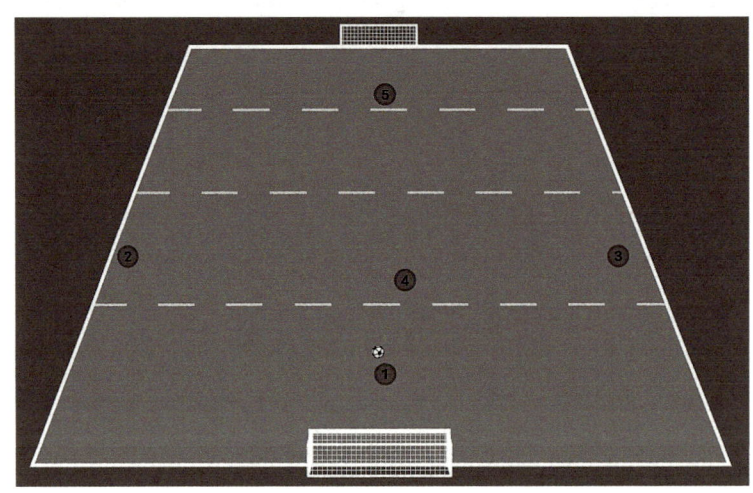

图3-6 1-3-1进攻阵型站位

1-3-1进攻阵型是沙滩足球比赛中最常见且最实用的战术体系，它主要由三名后卫和一名前锋构成。该阵型下衍生出边路斜插配合、中路斜插渗透、守门员抛球直连中锋等核心战术。这种进攻阵型在实战中的表现特点如下：

1. 阵型优势

（1）防守覆盖严密：三名后卫形成紧凑防线，可有效覆盖防守区域，构建稳固防守屏障。

（2）战术配合性强：适用于球队缺少强力得分球员，或在比分领先时采用，有助于控制比赛节奏。

（3）后场组织高效：通过在后卫线的人数优势，强化后场的控球和进攻组织能力,保障球权的稳定过渡。

2. 阵型局限性

(1) 体能消耗显著:后卫线与前锋距离较远,后卫需频繁进行长距离跑动,导致体能消耗过大。

(2) 前锋孤立风险:若中场接应不及时,前锋容易陷入单兵作战的困境,这将大幅度压缩进攻选择的空间。

(3) 阵型变化单一:相对固定的人员配置与跑位模式,导致战术灵活性不足,容易被对手实施针对性防守。

(二) 1-1-2-1进攻阵型(见图3-7)

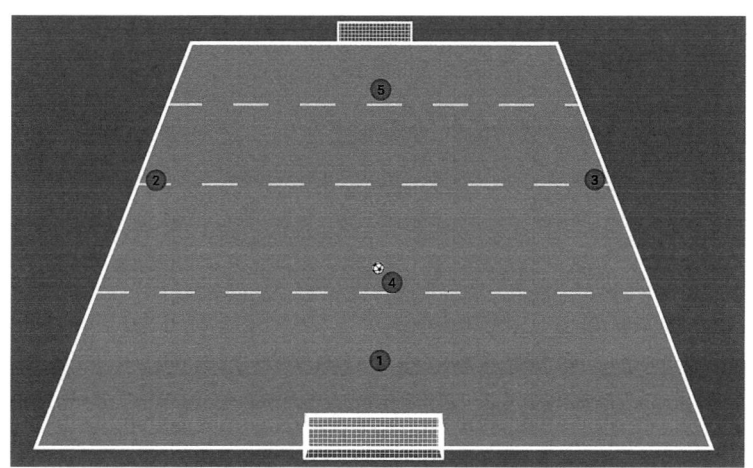

图3-7　1-1-2-1进攻阵型站位

1-1-2-1进攻阵型以一名中后卫、两名边前卫和一名前锋为人员配置核心,这种进攻战术凭借灵活多变的战术组合,成为沙滩足球比赛中极具创造力的进攻体系。该阵型下中场交叉跑、区域轮转配合等战术尤为突出,其在实战中的表现呈现出鲜明的特点:

1. 阵型优势

(1) 空间利用高效:通过边前卫与前锋的联动,充分拓展场地的宽度和纵深,构建立体化进攻网络。

(2) 边路威胁突出:边前卫可凭借快速前插直接参与进攻,创造边路突破或传中机会，大大增强了进攻的多样性。

（3）阵型灵活度高：多样化的跑位与配合模式，使球队能根据对手的防守调整策略，有效破解密集防线。

2. 阵型局限性

（1）阵型素养要求严苛：球员需具备出色的战术理解能力，能在区域防守或盯人防守中快速转换，对团队默契考验极大。

（2）个人防守压力集中：中后卫经常处于一对一的防守局面，要求其具备扎实的单兵防守技术与对抗能力。

（3）体能消耗与防守隐患并存：边前卫频繁的往返跑动容易导致体能透支，且其身后的空当会成为防守的薄弱点，需依赖队友及时补位协防。

（三）1-2-2进攻阵型（见图3-8）

1-2-2进攻阵型作为沙滩足球比赛中的经典战术体系，以两名后卫和两名前锋的人员配置为基础，通过前锋宽度选位和窄度选位的灵活转换，衍生出守门员抛球直接连线前锋、前锋交叉换位、边路动态换位等核心战术。这种进攻战术在实战中的表现特点如下：

1. 阵型优势

（1）职责分工清晰：明确两人防守、两人进攻的角色定位，确保防守和进攻的快速转换，提升攻防效率。

（2）个人能力突出：频繁出现一对一攻防局面，可充分发挥球员个人技术优势，创造突破得分的机会。

（3）场地覆盖均衡：两名前锋和后卫的横向站位，可有效覆盖场地的宽度，拓宽进攻和防守的战术纵深。

2. 阵型局限性

（1）攻防失衡隐患：锋线球员容易因专注进攻而忽视回防职责，导致防守端出现人员真空。

（2）防线衔接薄弱：两条防守线之间的空间过大，使防守保护无法形成有效呼应，容易被对手渗透突破。

（3）盯防职责模糊：对对方前锋的盯人防守缺乏明确分工，容易出现漏防或重复盯防的战术漏洞。

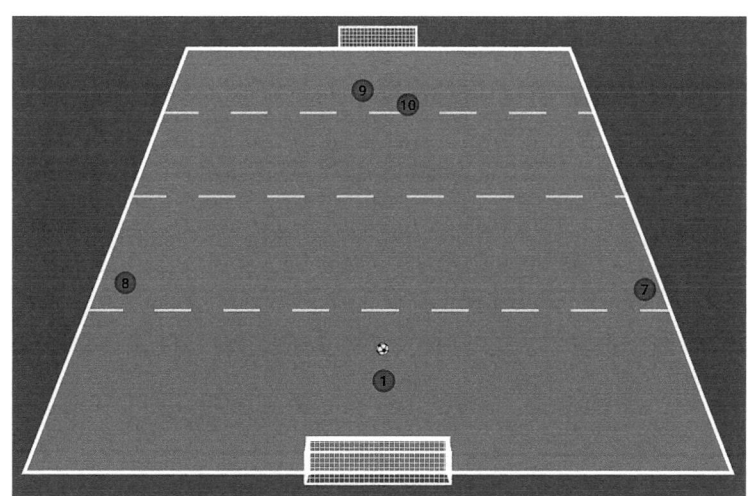

图3-8 1-2-2阵型站位

（四）1-2-1-1进攻阵型（见图3-9）

1-2-1-1进攻阵型以两名后卫、一名前卫和一名前锋为人员架构，形成三线布局。其中，中路前卫的设置成为战术核心，安排一名前卫球员，既可在进攻时为前锋提供有效支持，又能在防守时与两名后卫协同，加强中路防守的力量。这种阵型强调直接高效的比赛风格，衍生出前卫中路斜线穿插、中路从2-1-1向2-2阵型转换、边路飞翼下底包抄等多样化战术组合。这种进攻阵型在实战中的表现特点如下：

1. 战术优势

（1）纵向纵深控制强：三线布局很好地覆盖了场地的纵向长度，便于通过长传冲吊或快速反击，撕开对手的防线。

（2）战术变化直接高效：简洁明快的战术设计，能让球队迅速执行多样化进攻策略，从而加快进攻节奏，增强进攻的威胁性。

2. 战术局限性

（1）中路体能消耗大：前卫需频繁往返于攻防两端，对其体能储备、耐力及持续作战能力提出极高的要求。

（2）横向覆盖能力不足：人员配置侧重于中路，导致场地宽度利用有限，容易被对手从边路飞翼突破防线。

（3）防守职责划分模糊：三线之间的防守衔接缺乏明确的分工，在应对对手穿插跑动时，容易出现漏防或协防不及时的情况。

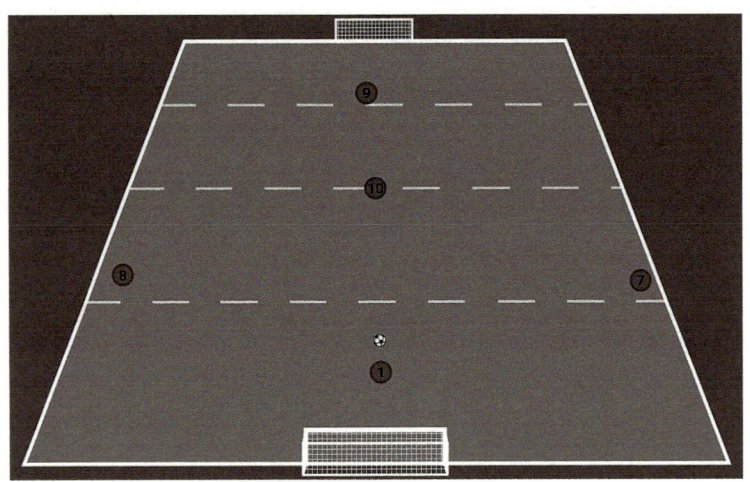

图3-9 1-2-1-1进攻阵型站位

二、整体进攻战术训练方案

（一）1-3-1守门员抛球边路斜插配合训练方案

1. 组织方法

如图3-10所示，训练开始时，守门员（球员1）选择左侧或右侧将球抛给球员2，启动进攻配合。球员2接球后，不停球采用一脚触球的方式，迅速将球回传给守门员，减少控球时间，加快进攻节奏。与此同时，中锋球员5先向一侧假跑，待吸引防守注意力后，迅速向另一侧反方向摆脱，创造接球空间。在球回传至守门员、中锋开始摆脱的过程中，同侧的球员2通过无球跑动，沿边路斜插至中锋球员5的接应路线，准备接球。球员5成功接球后，直接传给斜插到位的球员2，由球员2完成射门动作。在射门过程中，球员3和球员4迅速向有球一侧靠近，既要对可能出现的第二落点进行控制，又要为进攻球员提供防守保护，防止对手断球反击。

2. 指导要点

（1）强化传接球与抛球质量：球员需提升接球时的身体调整能力，确保回传的准确性与力度；守门员应注重抛球的落点精度、力量控制，使球能准确到达队友接应区域。

（2）规范中锋摆脱技术：中锋球员需掌握"先摆脱、再接应"的无球跑动原则，通过节奏变化与身体晃动，有效抛开防守球员。

（3）优先中锋跑位路径：中锋摆脱防守时，建议采用"先向外侧拉开，再向内切入"的跑位方式，利用球场宽度创造接球空当，避免与防守球员直接对抗。

（4）保持阵型与防守保护：全队需保持紧凑的整体阵型，在进攻时，始终有球员负责控制2点球与防守平衡，防止对手快速反击。

3. 可变化点

守门员抛球后中路球员和边路球员做交叉接应。通过交叉换位，打乱对手防守节奏，从而创造更多进攻机会。

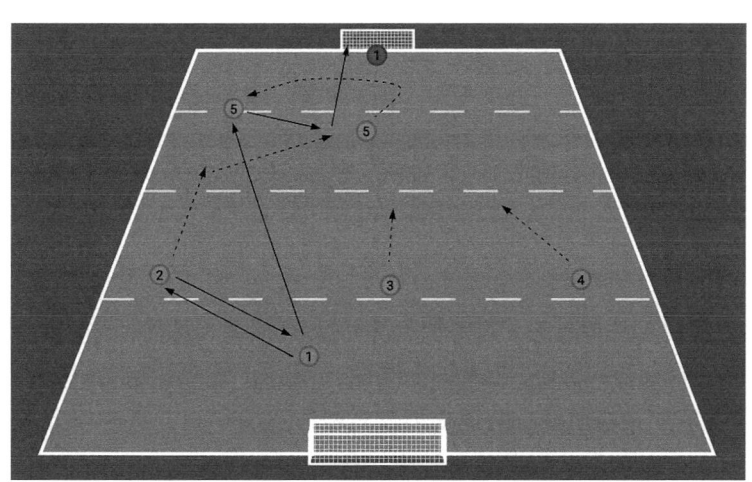

图3-10　1-3-1守门员抛球边路斜插配合训练

(二) 1-3-1 中路斜插配合训练方案

1. 组织方法

如图 3-11 所示,训练开始时,守门员将球传递给中路球员 3。球员 3 接球后先观察中锋位置,看是否有机会将球传给边路球员 2,传球后做变向跑前插到同侧边路,形成斜插跑位。球员 2 将球直线挑传给球员 3,球员 3 可选择直接射门或将球传给已经包抄到后门柱的球员 5,由球员 5 完成射门。球员 4 跟进并策应球员 3。

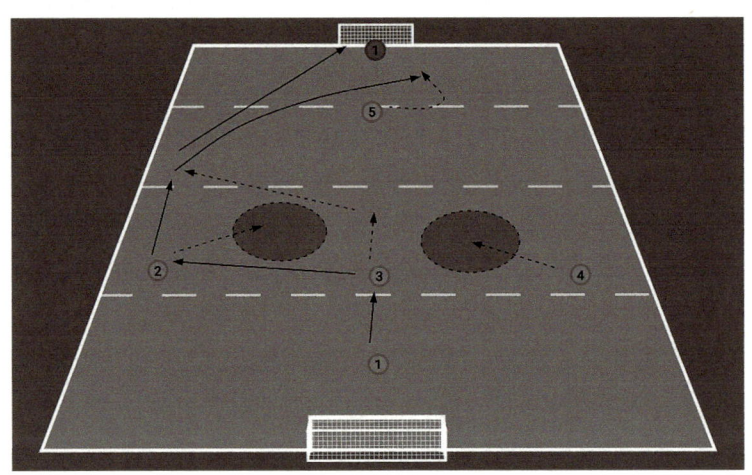

图 3-11　1-3-1 中路斜插配合训练

2. 指导要点

(1) 提升传接球与发球精准度:球员需强化接球时的身体调整能力,确保传球力度、角度的准确性;守门员应根据场上局势,合理选择发球方式与落点,为进攻创造有利条件。

(2) 强化中锋无球摆脱与接应能力:中锋球员在无球状态下应先通过假动作变向摆脱防守球员的盯防,随后迅速接应传球,确保接球的流畅性和时机。

(3) 优化摆脱跑动策略:中锋球员在摆脱防守时,建议采用"先外拉再内切"的跑位方式,利用球场宽度吸引防守注意力,并改变方向切入中路,创造接球空间。

(4) 保持阵型与攻防平衡：在进攻过程中，球员需保持紧凑的整体阵型，进攻时至少保留一名球员负责第二落点的控制与防守保护，避免因过度前压导致后防空虚。

3. 可变化点

中路与边路交叉接应战术：守门员可直接将球抛给边路球员2，此时中路球员3无须进行传球，直接斜插跑位接应边路球员2的传球。通过减少传球环节，加快进攻节奏，同时利用球员3的突然前插，打乱对手的防守站位，增加进攻的多样性和不可预测性。

（三）1-1-2-1边路斜插配合训练方案

1. 组织方法

如图3-12所示，训练开始时，守门员将球传给中锋球员3。球员3接球后，首先观察前锋的位置和跑动路线，随后将球回传给守门员，以缩短控球时间。在球员3回传的同时，左右两侧的边前卫（球员2、球员4）启动交叉跑动，通过错位穿插来扰乱对方防线。守门员接球后通过手抛球将球传给前锋（球员5），利用手抛球的准确度和速度，快速找到进攻支点。前锋接球后，根据场上形势将球做给前插位置更好的队友，由该球员完成射门。

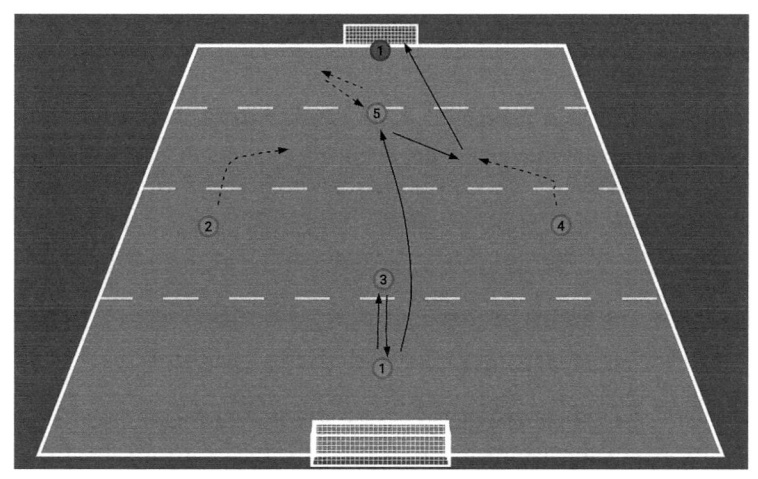

图3-12 1-1-2-1边路斜插配合训练

2．指导要点

（1）确保传接球的准确性：球员传接球需做到精准、稳定，避免因传球失误而中断进攻节奏。

（2）规范交叉跑位节奏：两侧边前卫的交叉跑位必须讲究先后次序，注意跑动时机，避免跑位重叠或产生冲突。

（3）优化中锋回传策略：中锋接球后应优先选择向守门员回传，避免横向传球；回传时需观察守门员位置，采取低平球或半高球，以减少被拦截的风险并保持进攻的流畅性。

（4）保持阵型攻守平衡：在进攻过程中，球员需注意保持整体阵型，确保攻守平衡，避免因过度前压而暴露防守空当。

3．可变化点

中卫直接发起进攻战术：当对方防线出现站位松散或中场防守薄弱时，中卫可直接绕过守门员环节，通过长传或过顶球等方式精准找到前锋或前插的边前卫。此变化可减少进攻传递环节，利用中卫的视野与长传能力，提升进攻突然性；同时要求边前卫与前锋提前预判中卫传球意图，快速启动接应，创造单刀或局部以多打少的机会。

（四）1-2-2 守门员连接前锋配合训练方案

1．组织方法

如图 3-13 所示，在 1-2-2 后卫窄度落位的阵型下，守门员将球直接抛空中球传给边路球员 8。球员 8 接球后控制好球权，同时球员 7 靠近策应，形成短传策应三角。球员 8 将球回传给守门员，此时前锋球员 9 和球员 10 同时启动，进行摆脱假跑：球员 10 采用折线跑动，摆脱防守后拉边至对方 9 米线，形成边路策应点；球员 9 通过纵向前插、后回撤、再前插的 S 型折线跑，利用节奏变化甩开中卫，球员 9 接球后，可根据防守距离选择倒钩射门、转身摆脱射门或分边中传。与此同时，球员 10 迅速靠近中路包抄，准备补射或接应后门柱传中。球员 7 和球员 8 则向中场区域跟进，控制第二落点并形成防守屏障，防止对手断球反击。

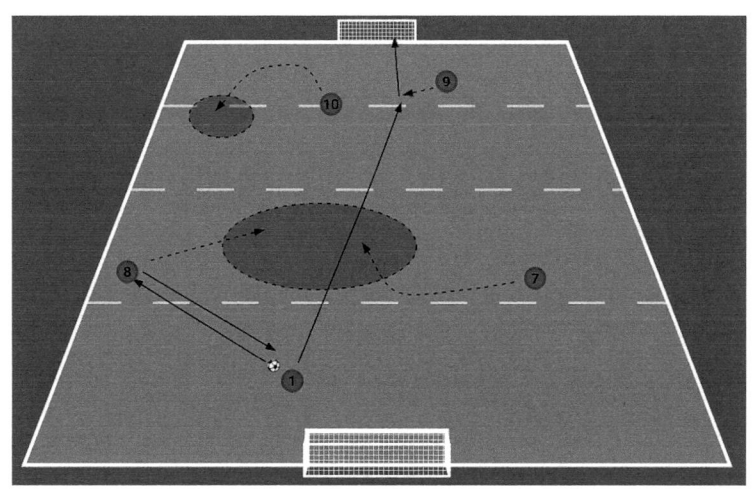

图3-13 1-2-2守门员连接前锋配合训练

2. 指导要点

（1）强化接控球与动态传跑能力：球员需提高接控球的稳定性，同时注意传跑接应的时机，确保进攻的流畅性。

（2）守门员的精准抛球与位置呼应：守门员给中锋的传球需做到快速、准确，同时注意边路球员能在进攻中接球，为二次进攻创造更多的战术选择。

（3）第二落点控制与包抄跑位：中场球员需精准判断第二落点的位置，并注意包抄的跑位细节，可以极大地提升进攻的威胁性和成功率，让对方防不胜防。

（4）保持阵型与攻守平衡：在进攻过程中，球员需注意保持整体阵型，确保攻守平衡，避免因过度压上而暴露防守空当。

3. 可变化点

守门员第二接应点战术（见图3-14）：当边路防守严密时，守门员可选择直接将球抛向第二接应点球员10。球员10控球时，边锋球员迅速向两侧底线拉开，迫使对方边后卫回防，为球员10创造1V1的机会。与此同时，球员9向后门柱移动，准备包抄或补射，球员7和球员8则策应进攻并提供防守保护，防止对手反击。

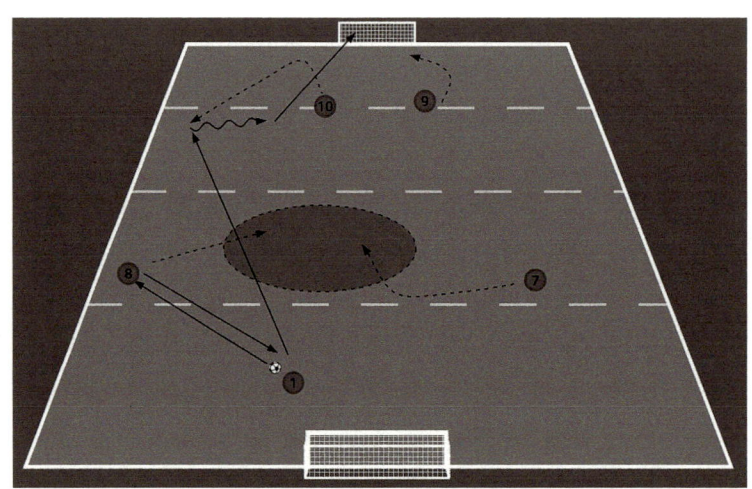

图3-14　1-2-2前锋创造空间边路1V1

（五）1-2-2后卫进攻配合训练方案

1. 组织方法

如图3-15所示，在1-2-2后卫窄度落位的阵型下，训练以守门员发起边路进攻为核心，通过后卫与中场的精妙配合完成射门：守门员以手抛高空球的方式，将球直接传给边路球员8所在区域。球员8接球后控制好球权，同时球员7迅速靠近策应。当球员7接近时，球员8将球回传给守门员。守门员接球后，球员7立即回撤，向前场方向跑动进行摆脱，守门员观察球员7跑动路线后，快速用手抛地滚球将球送至跑动空当。球员7接球后，可根据场上形势选择直接射门或调整后射门。与此同时，球员9和球员10迅速靠近球门区域，干扰守门员或包抄第二门柱区域准备补射。球员8则向中场区域跟进，形成防守屏障，防止对手断球反击。

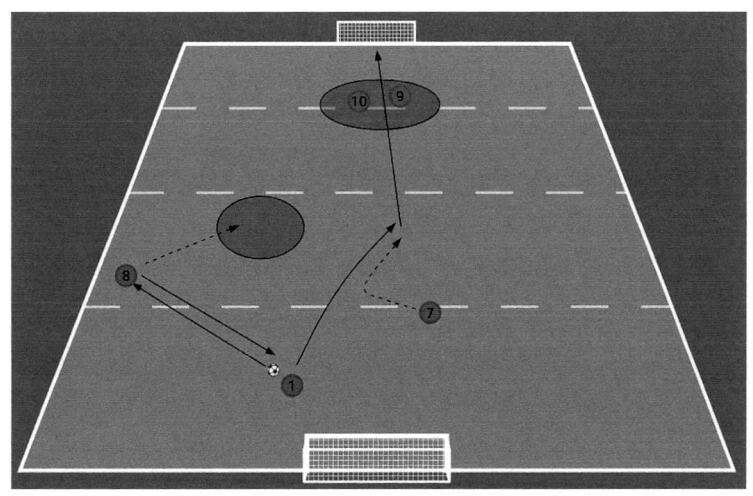

图 3-15 1-2-2 后卫进攻配合训练

2. 指导要点

(1) 守门员抛球技术优化：守门员的抛球需注重准确性、力量控制和隐蔽性，确保传球能够快速、精准地到达接球球员脚下。

(2) 接球前的动态观察：球员在接球前应打开身体面向前场，确保视野覆盖前场区域，提前规划传球或射门路线。

(3) 前锋战术跑动设计：前锋在门前区域应积极进行交叉跑动掩护，同时注意捕捉补射机会，以提升进攻的威胁性。

(4) 后场沟通机制：后场进攻球员需保持自信和果断，同时注意与队友的指挥配合和交流，确保进攻的流畅性和团队协作效果。

3. 可变化点

守门员第二接应点战术（见图 3-16）：当边路受到严密防守时，可切换至中路第二接应点配合；当守门员持球时，可选择将球传给第二接应点的球员 8。此时，球员 7 从边路向中路进行斜线跑动，形成交叉接应。球员 7 的横向跑动不仅能覆盖中场区域，还可以有效拉扯对方边后卫与中卫的防守间距；球员 8 利用球员 7 拉开的场区空当，快速向边路斜线突破，守门员同步以地滚球输送至其突破方向前侧方。球员 8 突破后可根据场上形势选择直接射门或传向门前的前锋。与此同时，球员 9 和球员 10 迅速靠近球门区，干扰守门员或包抄第二门柱准备补射。球员 7 完成策应后，向中路中场区域跟进，与球员 8 形成"进攻—防守"双层覆盖，确保攻防转换时阵型的完整性。

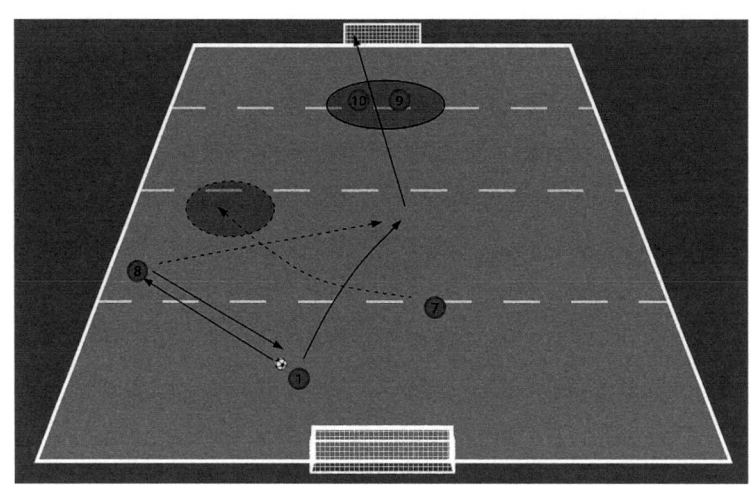

图 3-16　后卫交叉进攻配合训练

（六）1-2-2 异侧后卫前插配合训练方案

1. 组织方法

如图 3-17 所示，在 1-2-2 后卫宽度落位阵型下，训练通过守门员发起边路进攻、异侧后卫前插完成终结。守门员以手抛球方式将球传给边路球员 2。球员 2 接球后通过身体护球控制第一落点，异侧边后卫球员 3 同步向边路拉边，在边线附近形成宽度策应点。球员 2 将球回传给守门员，触发异侧进攻跑动：球员 3 从拉边位置前插，沿边路纵深向对方底线高速移动；球员 4 通过折线跑位（横向扯动—变向切入），摆脱中场防守后，拉边至对方 9 米线附近，形成边路第二接应点；球员 5 进行"前插—回撤—再前插"S 型折线跑，有效制造防守混乱。守门员观察球员 3 跑动路线后，以手抛高空球的方式将球传至其插入路径上，抛物线高度需超过防守球员的头顶，落点位在禁区前沿；球员 3 接球后可选择直接凌空射门或调整步点后形成 1V1 突破射门；球员 5 迅速靠近球门后点包抄区，准备补射或接应传中；球员 2 和球员 4 则向中场区域跟进，既控制第二落点，又为防范对手反击做好准备。

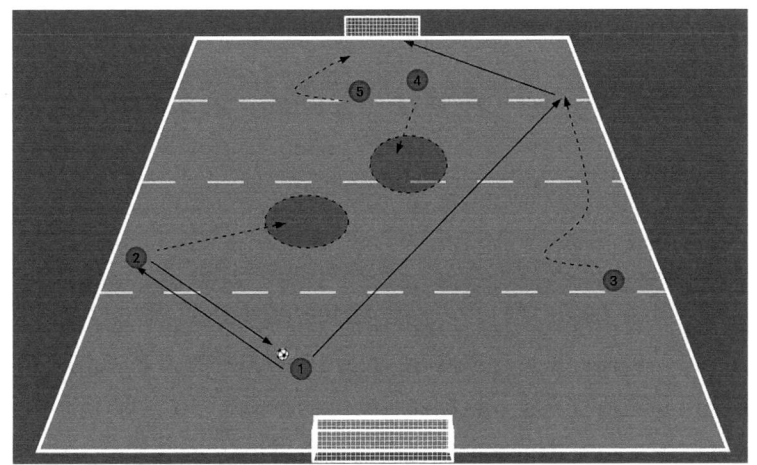

图3-17　1-2-2异侧后卫前插配合训练

2．指导要点

（1）守门员抛球策略优化：假动作运用，抛球前通过眼神或手臂的假动作传向中路，诱使防守球员移动，从而为边路创造传球空当。

（2）跑动时机与空间配合：边后卫前插，球员3需在球员2回传守门员的瞬间启动，充分利用防守球员注意力转移的时间差，抢在对方边前卫回防前完成前插；中场策应，球员4的折线跑需与球员3前插形成"一拉一插"的节奏，通过横向扯动为前插路线创造空间。

（3）果断决策与跑位细节：前插球员选择，球员3在接球后，若面对守门员可直接射门，若遇防守封堵需及时分边给套上的球员4或倒三角回传球员5；包抄原则，球员5需遵循"异侧包抄"原则（如右路进攻时向远门柱移动），避免与前插球员跑位重叠。

（4）攻防转换保护：球员2、球员4在跟进至中圈附近时，需保持横向间距8～10米，形成第一道防守屏障；守门员在抛球后需前压至禁区线，准备接应二次回传或封堵对手反击直塞。

3．可变化点

（1）中卫长传衔接：当守门员被封堵时，中卫直接长传找异侧前插的球员，强化后场不同出球点的配合。

（2）边锋内收策应：可临时内收至中路，形成双前锋策应，吸引防守后创造更开阔的边路空间。

（七）1-2-1-1中路球员策应配合训练方案

1. 组织方法

如图3-18所示，本训练以守门员发起进攻为起点，通过中路策应与边路前插的联动完成射门：球员3将球回传给守门员，守门员接球后观察前场区域，随即用手抛球传给右路球员5；球员4从左侧肋部快速横向移动，形成中路策应点，同时观察球员5的处理球方向，准备接应横传或直塞完成射门；传球后的球员3要沿右边路高速前插至底线附近，拉开进攻宽度，吸引对方边后卫防守注意力，为中路创造空当；球员5接球后，可选择内切射门或横传给中路策应的球员4完成射门，远端球员2同步内收至中路偏后位置，既保持进攻纵深，又兼顾防守保护。

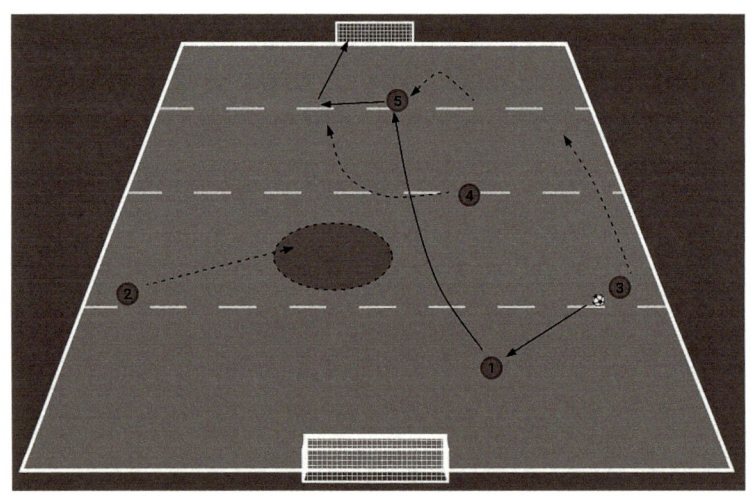

图3-18 1-2-1-1中路球员策应配合训练

2. 指导要点

（1）传球提前量控制：守门员手抛球需根据球员5的跑动速度

合理调整力度，确保球速与跑位保持同步；球员 5 横传时需观察球员 4 的启动时机，传球路线应避开防守球员拦截区域，将提前量控制在接球者的行进方向前方。

（2）前插时机与变向技巧：前插时采用"先向内虚晃、再突然加速沿边线突破"的变向跑动方式，甩开防守球员；避免过早前插导致越位，或过晚启动错失传中时机。

（3）中锋做球技术规范：中锋参与配合，回做球需使用脚内侧或外脚背，控制球速，方向指向队友跑动路线的空当区域。

（4）保持阵型：注意保持队形的攻守平衡，攻方球员 2 回中路占据保护位置。

3．可变化点

中锋撞墙配合战术：球员接球后，中锋可先向中路回撤做墙，触球后迅速转身前插，与插上球员形成撞墙配合，以增加进攻层次感和威胁性。

第四节　定位球进攻战术

定位球进攻战术是沙滩足球比赛中一项重要的得分手段，在势均力敌的比赛中显得尤为重要。通过赛前对定位球进攻战术的反复练习，能让高质量的定位球在赛场上创造更多的得分机会。沙滩足球中的定位球主要包括任意球、角球、界外球、中场开球和球点球，每种定位球都有其独特的战术价值和应用场景。

一、定位球进攻战术类型

（一）开球进攻战术

沙滩足球开球战术是指在每节比赛开始或进球后重新开球时采用的战术方式。根据比赛规则，开球不能直接射门得分，因此开球战术需要经过一次传递完成,其变化形式多样,主要包括三种战术配合:"挑—射"战术配合、"传—射"战术配合以及"挑—传—射"战术配合。这些战术旨在通过简洁高效的配合,迅速组织进攻并创造得分机会。

在实际的开球进攻战术训练中,应重点关注以下要点:

(1)简练直接:配合应尽量简洁高效,减少复杂传递,确保战术执行的流畅性。

(2)避开人墙:从对手人墙的侧方发球,以避开防守密集区域,创造更好的进攻机会。

(3)专人射门:明确指定射门球员,确保射门动作的精准性和威胁性。

(4)攻守平衡:避免全员压上进攻,保持合理的队形分布,确保攻守转换时防守的稳定性。

1."挑—射"战术配合

"挑—射"战术配合由两名进攻球员完成,一人负责将球挑起,另一人负责完成射门。这是沙滩足球比赛中最常用的开球战术,因其结构简单且实用性强,能够直接威胁对方球门。然而,由于战术变化较少,该战术也容易被对手预判并提前实施针对性防守。指导要点如下:

(1)挑球球员需掌握好挑球的高度与方向。

(2)射门球员需精准把握射门角度和时机。

(3)需注意对二点球(即第一次射门或传球后的反弹球)的控制,以确保战术连贯性。

2."传—射"战术配合

"传—射"战术配合由一名传球球员和两名射门球员协同完成,由传球球员通过选择性传球实现战术目的。这种配合方式变化多样,能够有效避开防守人墙,攻击对手的薄弱区域。但是,由于传球多偏向边路,射门角度可能受限。同时,地滚球传球也会因地面起伏导致滚动变向,进而增加射门难度。指导要点如下:

(1)传球球员需确保传球的隐蔽性,精准控制角度、力量和方向。

(2)射门球员需掌握射门时机和速度。

(3)注意后点包抄,确保进攻层次。

(4)保持攻守平衡的队形,避免防守漏洞。

3."挑—传—射"战术配合

"挑—传—射"战术配合由一名挑球球员、一名传球球员和一名射门球员通过传跑配合完成。首先,挑球球员将球挑起传给传球球员,制造"挑—射"配合的假象;其次,传球球员采用一脚传球或一停一传的方式,将球传给无人防守的射门球员,实现声东击西的战术效果。

这种配合结合"挑—射"和"传—射"两种战术,变化多样且隐蔽性强,能够出其不意地突破防守。然而,由于这种配合参与人数多、配合复杂,因此对球员的战术默契度和传射时机要求较高,通常出现在高水平的沙滩足球比赛中。指导要点如下:

(1)传球时需具备隐蔽性,精准控制角度、力量和方向。

(2)射门球员需掌握射门时机并控制射门速度。

(3)注意后点包抄,确保进攻形成层次感。

(4)需保持攻守平衡的队形,避免出现防守漏洞。

(二)角球进攻战术

角球因其位置靠近球门,对球门的威胁明显高于其他定位球,是比赛中极具威胁的得分手段。根据配合方式,角球进攻战术主要分为三种:交叉换位战术、挡拆战术和轮转换位战术,旨在通过灵活的跑位和默契的配合撕开对手防线,创造射门机会。

1. 交叉换位战术(直接角球战术)

交叉换位战术是指两名进攻球员通过前后交叉或平行交叉的无球跑动,完成包抄射门的角球进攻方式。其中,平行交叉包抄战术是最常见的角球战术之一,其配合形式简洁高效,能够对球门形成直接威胁。然而,这种战术对传球球员的技术准确性要求较高。指导要点如下:

(1)传球需注重隐蔽性和准确性。

(2)需精准控制传球力量与时机。

(3) 跑位需突然且协调，确保战术的突然性。

(4) 保持攻守平衡的队形，避免防守漏洞。

2. 挡拆战术

挡拆战术属于间接角球战术，是指门前包抄球员通过跑位提前占据防守球员的移动路线，阻碍其盯人防守，从而为队友创造进攻机会。在沙滩足球比赛中，角球防守多采用区域防守，因此挡拆战术通过进攻球员的跑位，利用防守漏洞创造局部以多打少的有利局面，为进攻赢得时间和空间。指导要点如下：

(1) 传球需注意隐蔽性和准确性。

(2) 需精准控制传球的力量与时机。

(3) 挡拆动作需准确且避免犯规。

(4) 保持攻守平衡的队形，防止对手断球反击。

3. 轮转换位战术

轮转换位战术是指门前包抄球员通过相互之间的轮转换位，为射门创造更多空间和时间的角球进攻战术。这种战术依托多名球员的协同跑位，衍生出多元攻击点，可有效扰乱对手防线部署。值得一提的是，该战术对传球的准确性和跑动时机要求严苛，同时需安排一名球员在轮转过程中回撤保护，以防止对手断球后发动快速反击。指导要点如下：

(1) 传球需兼顾隐蔽性和准确性，避免防守预判。

(2) 精准控制传球的力量与时机，确保跑位与出球节奏同步。

(3) 轮转换位需协调统一且时机精准，形成立体化进攻层次。

(4) 保持攻守平衡的队形，强化防守稳定性以应对攻防转换。

（三）界外球进攻战术

在沙滩足球比赛中，界外球进攻战术通常指靠近球门线附近的界外球战术。它与角球战术类似，区别仅在于发球地点和发球方式：界外球既可以用手抛球的方式发出，也可以用脚踢的方式开球。界外球进攻战术同样主要分为交叉换位战术、挡拆战术和轮转换位战术三种，其训练要求与角球进攻战术基本一致，旨在通过灵活的跑位和默契的配合来创造进攻机会，威胁对方球门。

（四）任意球进攻战术

在沙滩足球比赛中，所有任意球均为直接任意球，且规则禁止排人墙，因此任意球进攻通常以直接射门为核心策略。罚球时，球员需根据犯规地点调整站位（比赛规则对此有详细界定）。值得注意的是，规则明确任意球必须由被侵犯球员主罚，因此任意球训练应覆盖全队成员，包括守门员。指导要点如下：

（1）优先选择射反弹球，利用沙滩场地的特殊性增加射门的突然性和威胁性。

（2）保持高度注意力，确保触球位置精准，提升射门精准度。

（3）射门时注意控制支撑脚落地力度（轻触地面）或调整与球的距离（稍远站位），避免支撑时沙堆影响足球的位置。

（4）注意保持攻守平衡的队形，强化攻防转换意识，防止对手快速反击。

二、定位球进攻战术练习方法

（一）开球战术练习方法

1."传—射"开球战术练习（见图 3-19）

组织方法：将球员分为 4 人一组，其中 2 人位于中路负责开球，左右边路各站 1 名接应球员。边路接应球员在接到中路球员的挑传后，直接完成射门。指导要点如下：

（1）挑球球员需精准控制挑球的高度和方向。

（2）射门球员需找准触球部位，确保射门质量。

（3）注意对二点球的控制与争夺，确保进攻的连续性。

可变化点：球员可尝试传地滚球发动直接射门，但需提前铺平射门区域的沙滩表面，以确保球的运行轨迹平稳可控。

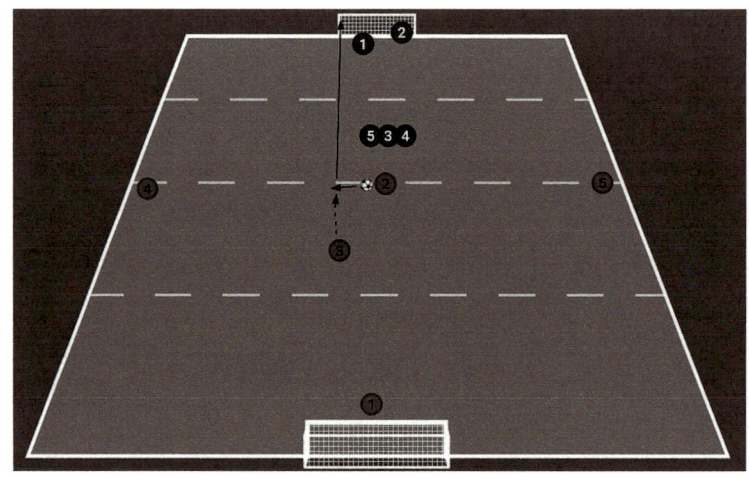

图3-19 "传—射"开球战术练习

2. 掩护开球战术练习（见图3-20）

组织方法：将球员分为4人一组，其中3人位于中路中线附近站位，1人站在右边路作为接应点（球员4）。开球后，球员4助跑佯装射门，实则斜线拉开至左边路；当球员2传球时，球员3助跑佯装直接射门，吸引防守注意力；待对手聚焦球员3时，球员3突然将球传至左边路的球员4，后者接球后可直接射门或运球调整后完成射门。练习中，组内需保持1名球员（如球员5）回收位置，保持攻守平衡。指导要点如下：

（1）传球需具备隐蔽性且精准，控制好力量、方向和时机。

（2）射门球员需掌控好触球部位，提升射门质量。

（3）注意保持攻守平衡的队形，防止对手反击。

（4）强化对二点球的控制与抢夺，确保进攻的连续性。

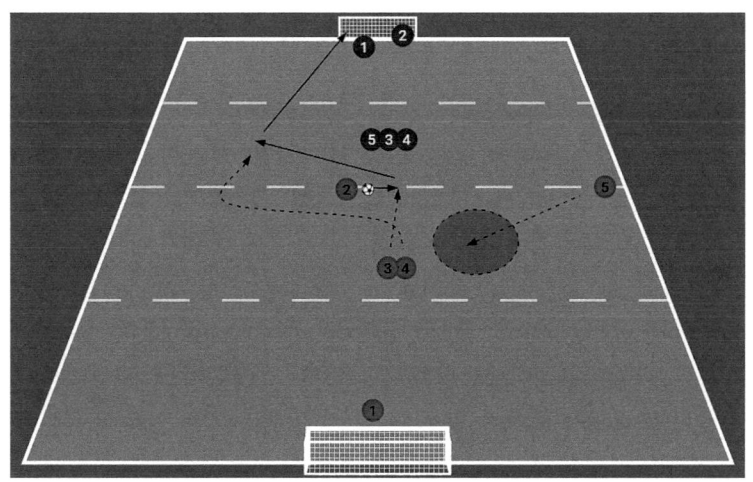

图 3-20 掩护开球战术练习

3. 空中接力开球战术练习（见图 3-21）

组织方法：将球员分为 4 人一组，其中 2 人位于中线发球，左右路各站 1 名接应球员。球员 2 挑球后快速前插，球员 4 接球后，在空中将球传给右边路接应球员 5，球员 5 不停球直接转移给左边路高速前插的球员 3，后者接球后直接完成射门。指导要点如下：

（1）确保传球质量，精准控制传球的力量、方向和时机。

（2）掌控好触球部位，确保传接球的稳定性。

（3）中锋发球球员需注意后点包抄，增加进攻层次。

（4）保持攻守平衡的队形，防止对手断球反击。

（5）球员之间需提前沟通跑位路线，确保配合默契。

可变化点：球员 2 挑球后快速前插至人墙身后位置，球员 4 控球后传给前插的球员 2，球员 2 直接完成倒钩射门，以增加战术的突然性和威胁性。

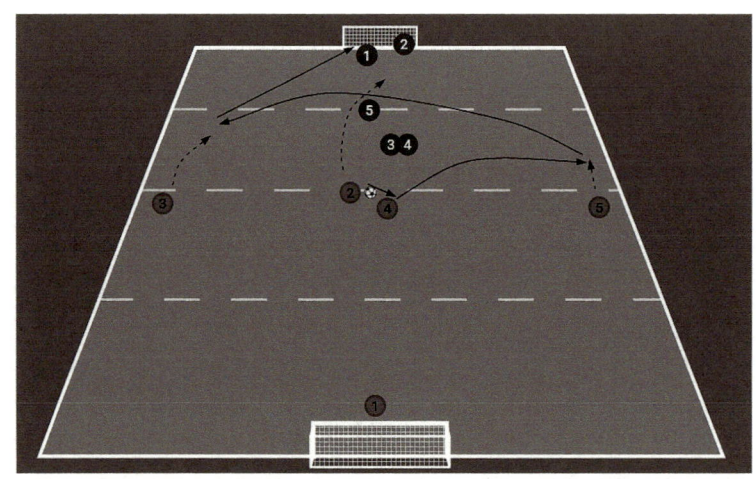

图 3-21　空中接力开球战术练习

（二）角球进攻战术练习方法

1. 前点挡拆配合练习（见图 3-22）

组织方法：将球员分为 4 人一组，其中球员 3 负责传球，球员 2 和球员 5 在中路进行前点挡拆配合。具体配合如下：球员 2 先向前要球，若有射门机会则果断完成射门；若无合适机会，则迅速转身为身后的球员 5 进行挡拆，挡拆后迅速包抄至后点。同时，球员 4 须占据中场保护位置，确保攻守平衡。指导要点如下：

（1）传球需具备隐蔽性和准确性，精准把握传球时机。

（2）跑位需突然且灵活多变，以迷惑防守球员。

（3）挡拆时需与同伴擦肩掩护，确保挡拆效果。

（4）注意补射机会，提升进攻的威胁性。

（5）保持攻守平衡的队形，防止对手快速反击。

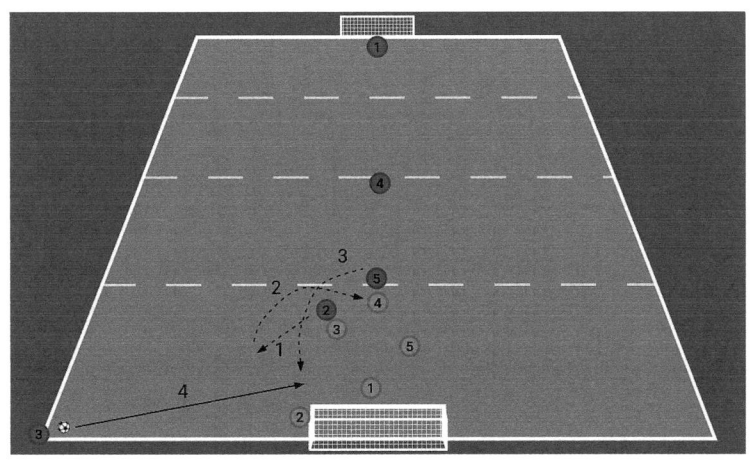

图3-22 前点挡拆配合练习

2. 后点挡拆配合练习（见图3-23）

组织方法：将球员分为4人一组。具体配合如下：球员2先向前摆脱防守，随后转身跑向后点；球员5根据防守球员的移动，选择为蓝色球员3或蓝色球员4进行挡拆；挡拆后，球员5迅速前插至门前接应；球员3将球罚向后点，球员2接球后完成射门；同时，球员4须占据保护位置，确保攻守平衡。指导要点如下：

（1）传球需具备隐蔽性和准确性，精准把握传球时机。

（2）跑位需突然且灵活多变，以打乱防守的节奏。

（3）挡拆时需与同伴擦肩掩护，确保挡拆效果。

（4）注意补射机会，提升进攻的威胁性。

（5）保持攻守平衡的队形，防止对手快速反击。

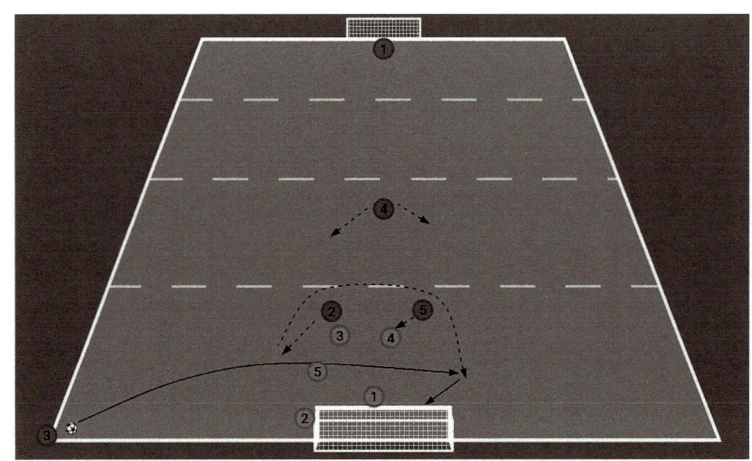

图 3-23　后点挡拆配合练习

3. 创造空间配合练习（见图 3-24）

组织方法：将球员分为 4 人一组。具体配合如下：球员 2 和球员 5 同时向回跑动，吸引防守球员以创造空间；球员 2 先佯装接球后再向回跑动，目的是吸引防守球员，为前点创造空间，随后回撤保护中路；球员 5 则直接向回跑动为球员 4 的防守球员进行挡拆；此时，中路出现空当，球员 4 从外围快速前插至空当区域，创造射门机会并完成射门。指导要点如下：

（1）接球跑动时需相互呼应，有效吸引防守球员。

（2）传球时要注意隐蔽性和准确性，精准把握传球时机。

（3）注重创造空间并充分利用空间。

（4）把握射门机会，同时注意补射。

（5）保持攻守平衡的队形，防止对手快速反击。

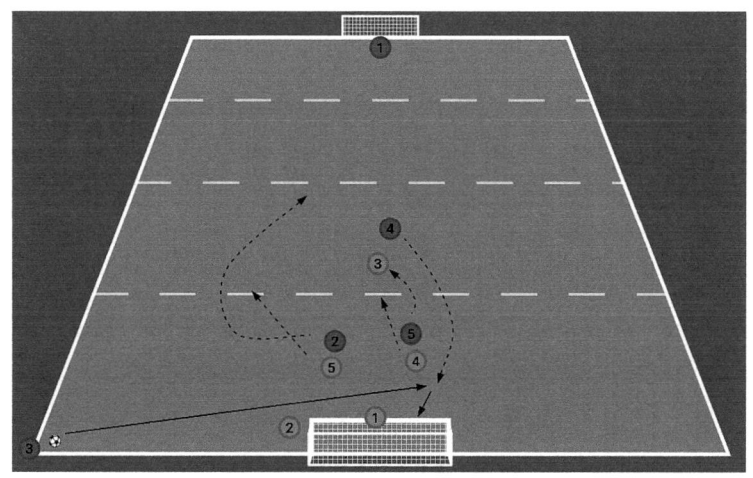

图 3-24 创造空间配合练习

(三) 界外球进攻战术练习方法

1. 前后交叉配合练习(见图 3-25)

组织方法:将球员分为 4 人一组。具体配合如下:球员 3 负责发界外球,球员 4 和球员 5 在中路进行交叉跑位;球员 4 先摆脱防守,在前点接球的同时为后点创造空间;球员 5 则利用后侧空间包抄至后点准备射门。此时,球员 2 需观察场上形势:若后点出现空当,则直接将球传至后点的球员 5,由球员 5 完成射门;若前点出现空当,则与接应球员 4 进行撞墙配合,选择直接射门或将球传至后点。同时,球员 2 需在中场占据保护位置,确保攻守平衡。指导要点如下:

(1) 明确罚球信号,确保传跑配合默契。

(2) 传球时要注意隐蔽性和准确性,精准控制传球力量与时机。

(3) 注意跑位的突然性、统一性。有效打乱防守节奏。

(4) 始终保持合理的队形分布,确保在攻守转换时的防守稳定性。

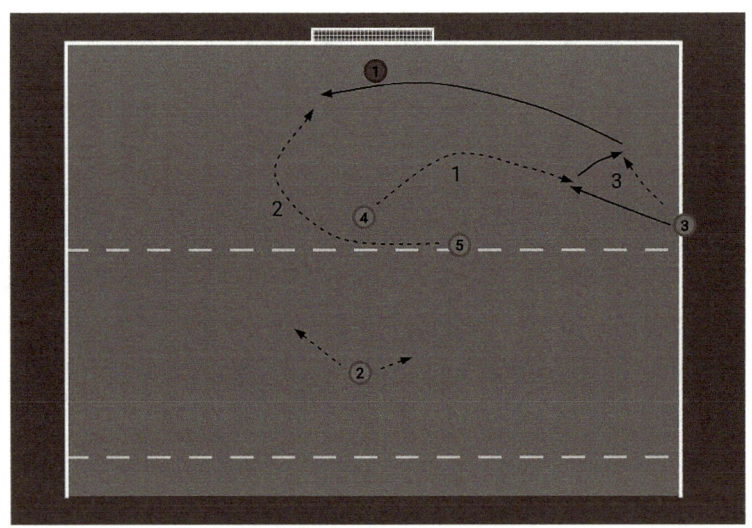

图 3-25 前后交叉配合练习

2. 挡拆配合练习（见图 3-26）

组织方法：将球员分为 4 人一组。具体配合如下：浅色球员 3 负责发界外球，深色球员 4 去挡浅色球员 3 进行挡拆，浅色球员 5 则摆脱防守跑向后点接球并完成射门。若对方防守识破后点进攻意图，浅色球员 4 迅速前插，浅色球员 3 可直接将球发至前点，由浅色球员 4 完成进攻。同时，浅色球员 2 需在中场占据保护位置，确保攻守平衡。指导要点如下：

（1）统一罚球信号，确保传球质量。

（2）传球时要注意隐蔽性和准确性，精准控制传球力量与时机。

（3）挡拆动作需准确且避免犯规，确保战术效果。

（4）攻守平衡，始终保持合理的队形分布，防止对手快速反击。

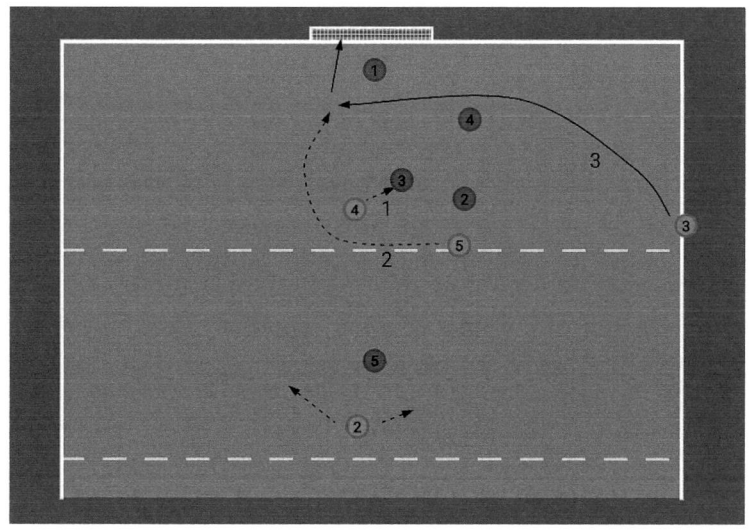

图3-26 挡拆配合练习

3. 轮转配合练习（见图3-27）

组织方法：将球员分为4人一组，其中3人在中路进行顺时针轮转换位，需确保传球和跑位的同步性。球员3在发球时需观察前点和后点的空当，选择最佳传球路线；同时，球员5需回撤至中路占据保护位置，确保攻守平衡。指导要点如下：

（1）统一罚球信号，确保传跑配合默契。

（2）传球时要注意隐蔽性和准确性，精准控制传球的力量与时机。

（3）轮转换位须时机恰当且行动统一，有效打乱防守的节奏。

（4）攻守平衡，始终保持合理的队形分布，防止对手快速反击。

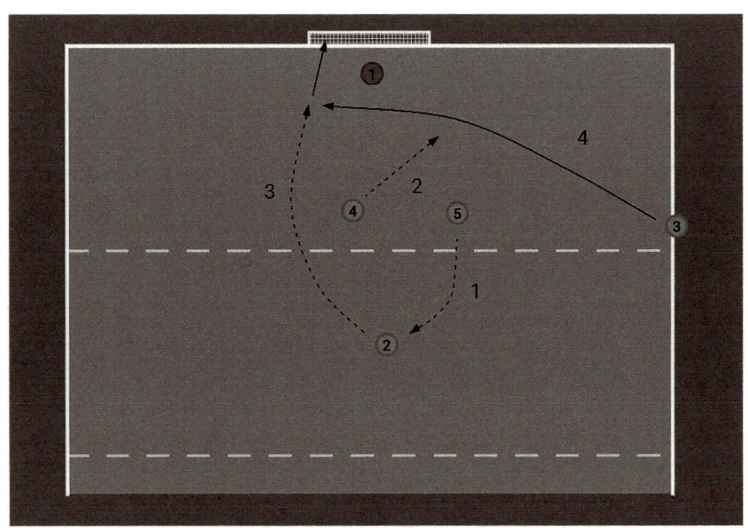

图3-27 轮转配合练习

第四章

沙滩足球防守战术训练

在沙滩足球比赛中，防守争夺的焦点是以球为中心、以保护球门为目的。防守战术体系由个人防守、小组协防、整体防守和定位球防守四个维度构成，这些战术行为均需在整体防守战略框架下执行。根据比赛态势，防守类型主要分为三种模式：半场防守、全场紧逼防守，以及半场防守与全场紧逼相结合的混合防守。在防守原则方面，防守球员必须严格遵循"球线后防守"和"封锁中路"两大原则。其中，"球线后防守"要求防守球员始终保持在本方球门与对手之间的防守位置；而"封锁中路"则强调要重点防守球场中央区域，限制对手的进攻路线。这种多层次的防守体系确保了球队在比赛中防守的稳定性和战术的灵活性。

第一节　个人防守战术

个人防守战术指运动员在防守中面对一对一或一对多人局面时采用的战术方法。个人防守训练主要包括选位、盯人、断球、抢球、延缓等方面。

选位是指防守球员依据球的位置、球门方位、对手动向以及自身所处区域，合理选择站位的能力。盯人是在正确选位的基础上，对进攻球员实施严密防守、控制其进攻路线的行为。断球是指在对方球员传球后、接球球员在接球前实施抢断的行为，需要对对方球员传球路线进行提前预判。抢球是指防守球员靠近控球球员时，通过降低重心、侧身站位，在对手触球变向的瞬间，以支撑脚前跨卡位并跟进重心，迅速衔接下一个控球动作的技术。延缓是指通过降低持球球员推进速度、封堵其直接传球或运球路线，缩短与持球人的距离，并尽可能将持球球员向边路驱赶的防守策略。

一、个人防守战术类型

（一）一对一防持球球员战术

一对一防守持球球员的核心在于对球实施有效压迫，通过精准的无球跑动和防守动作，达到夺回球权或阻断对手进攻推进的目的。这一战术的教学内容主要包括三种形式：正面一对一防守、背身一对一防守以及一对一攻防射门对抗。在沙滩足球实战中，执行一对一防守持球球员战术需重点关注以下战术要点：

（1）精准站位，保持合理间距：延缓对手进攻节奏，控制比赛的主动权。

（2）驱赶边路，压缩空间：限制对手进攻路线，创造防守优势。

（3）稳定重心，敢于对抗：提升防守强度，阻断对手进攻推进。

（4）准确预判，果断把握时机：掌握防守主动权，实现高效拦截。

（二）一对一防无球接应球员战术

沙滩足球比赛中，一对一防守无球接应人的战术是一种基于球的位置、对手动向及场地空间的动态防守策略。防守球员通过一系列无球跑动和位置调整，实施区域防守，以限制对手的无球接应和进攻组织。这一战术通常包括保持站位或移动、前压或回撤、追球或封堵、延缓或保护等多种防守行为。在比赛中，执行一对一防守无球接应球员战术需重点关注以下战术要点：

（1）保持身体姿态的开阔性：确保能够同时观察球、对手及队友的位置，实现视野开阔、反应迅速。

（2）选位以保护球门为优先：防守球员的站位应始终处于进攻球员与本方球门之间，切断对手的直接进攻路线。

（3）坚持"球线后防守"原则：通过预判和观察，快速移动至球线后方，确保防守位置的合理性。

（4）传球瞬间快速压迫：在对手传球的瞬间，迅速向接球球员施压,延缓其进攻节奏或破坏其接球动作。

（三）一对二以少防多战术

沙滩足球比赛中的一对二以少防多战术,是指在防守人数处于劣势的情况下,一名防守球员面对两名进攻球员,通过延缓对手进攻节奏、等待队友支援或寻找上抢时机来化解危机的个人防守战术。这一战术的训练内容主要包括"一防二""二防三"等对抗练习形式。在实战中,当出现以少防多的局面时,需重点把握以下战术要点:

（1）延缓对手推进,争取反应时间:通过合理站位和移动,延缓对手的快速推进,为队友回撤支援争取宝贵时间。

（2）封锁进攻路线,驱赶至边路:阻断对手直接射门或威胁性传球路线,同时将持球球员尽量驱赶至边路,缩小其进攻选择空间。

（3）精准选位,阻断传球:通过准确的防守站位,切断两名进攻球员之间的传球路线,或创造一对一的防守局面,降低防守难度。

（4）耐心观察,果断抢断:避免盲目上抢,耐心观察对手动向,在最佳时机果断实施抢断或干扰。

二、个人防守战术练习方法

（一）正面 1V1 防守练习

1. 组织方法

如图 4-1 所示,将球员分为进攻组（浅色）和防守组（深色）。进攻方的浅色球员 2 在 9 米线边路位置将球传给守门员后,迅速斜插至中路,接守门员抛球后与防守球员形成正面一对一防守对抗练习。与此同时,防守方的深色球员 2 从底线快速跑向中路实施防守。练习若干组后,双方交换攻守角色,确保每位球员都能熟练掌握攻防两端的战术要求。

2. 指导要点

（1）快速逼近对手:以小步快频的方式快速靠近对手,保持合理距离,降低重心。

(2)边路压迫防守：采用侧身站位，引导对手向边线移动，限制其进攻空间。

(3)精准预判对手动向：观察对手动作细节，预判其行为意图。

(4)稳妥实施防守：避免盲目出脚抢断，通过合理的身体对抗来干扰对手，避免犯规。

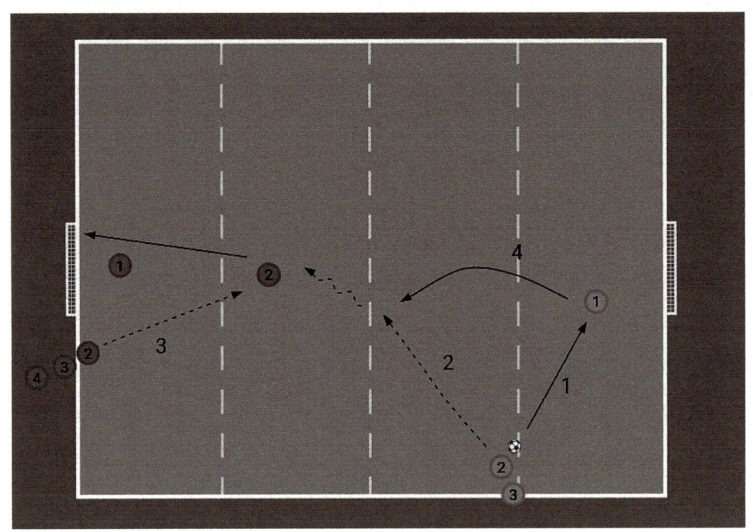

图 4-1　正面 1V1 防守练习

(二)边路 1V1 防守练习

1. 组织方法

如图 4-2 所示，将球员分为攻守两组，防守球员从角球区将球挑起并精准传球至中场边线的进攻球员，随后迅速逼近对手，展开边路一对一防守对抗练习。防守结束后，球员立即转换角色，移动至中场边线位置进行进攻练习，如此循环往复。

2. 指导要点

(1)快速逼近对手：注意跑动路线的合理性，迅速靠近进攻球员，保持防守压迫性。

(2)观察与选位：通过观察对手动向抢占有利防守位置，限制其进攻路线。

(3) 预判进攻行为：提前判断进攻球员的动作和意图，做好应对准备。

(4) 限制进攻空间：利用身体卡位和脚步移动，压缩对手活动空间，迫使其向边路或低威胁区域移动。

(5) 敢于身体对抗：合理运用身体对抗技巧，把握时机果断实施抢断，展现防守的侵略性。

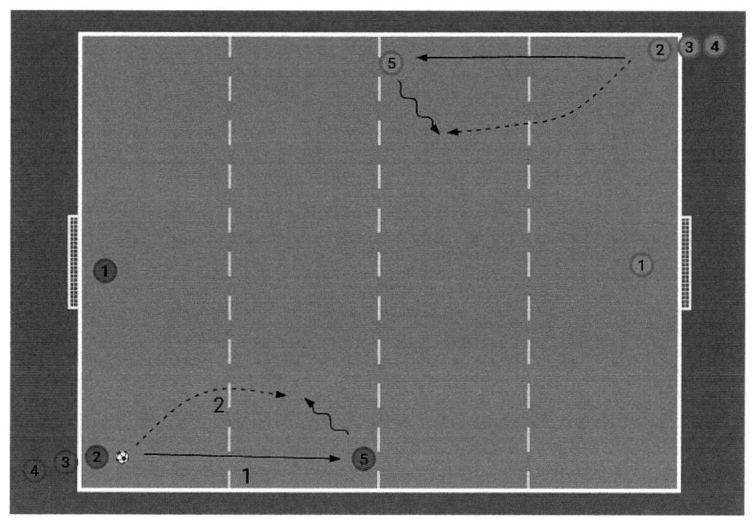

图 4-2　边路 1V1 防守练习

（三）背身 1V1 防守练习

1. 组织方法

如图 4-3 所示，将球员分为攻守两组，分别站在球门两侧。训练开始时，进攻方接守门员手抛球后，与防守球员展开背身一对一防守对抗练习。每名进攻球员拥有连续三次进攻机会，若防守球员成功断球，则需发起进攻或迅速回传给本方守门员。

2. 指导要点

(1) 侧身选位防守：防守球员采用侧身站位，与对手保持合理距离，脚下持续移动。

(2) 预判球的落点：准确预判球的落点位置，提前卡位抢占有利防守位置。

（3）把握断球时机：观察对手持球动作，迅速判断最佳时机，果断实施断球。

（4）封堵射门路线：若对手转身准备射门，则及时选择封堵射门角度或破坏其射门动作，避免犯规。

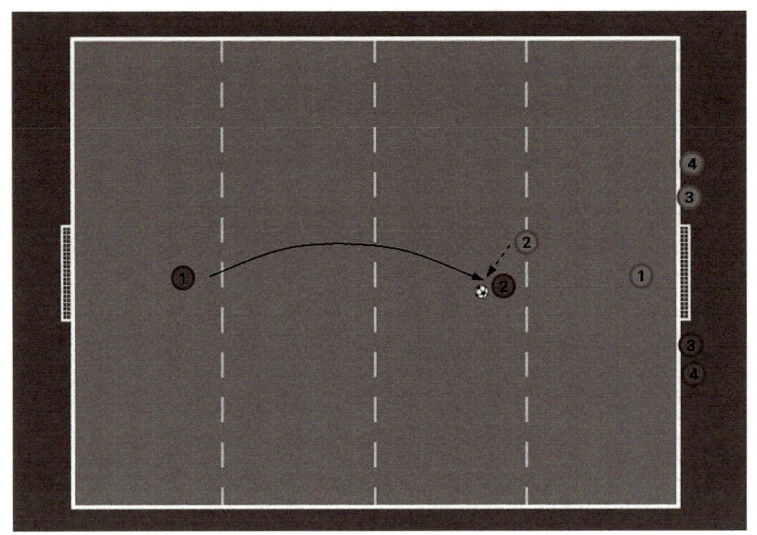

图4-3　背身1V1防守练习

第二节　小组防守战术

小组防守战术是沙滩足球比赛中由两到三名防守球员形成的协作防守战术体系，其核心要素为位置选择、队形保持和协同配合。实战中，参与小组防守的球员需首先明确防守位置，形成合理的防守队形，并通过灵活移动保持适当的防守距离。在此基础上，利用两名球员的夹击或三名球员的围抢，对持球人施加压力，封锁有球区域，形成局部防守人数优势。训练中，应重点强化防守球员的分工协作能力，包括对持球人的贴身施压、对有球区域的快速压迫，以及小组整体的协同前压与及时回撤，从而提升防守的整体性和有效性，确保在比赛中能够高效化解对手的进攻。

一、小组防守战术类型

（一）夹击防守战术

夹击防守战术主要指两名防守球员以持球人为目标，迅速靠近球，形成平行或前后夹抢队形，伺机实施抢断。在实战中，两人夹击防守的战术要点如下：

（1）快速夹击：迅速靠近持球球员，与队友形成夹击队形，压缩持球球员的活动空间。

（2）延缓对手进攻：阻止或延缓持球球员的向前传球或运球推进。

（3）果断实施抢断：把握最佳时机果断上抢，获得球权后快速由守转攻。

（二）围抢防守战术

围抢防守战术是指三名防守球员利用人数优势，形成以多防少的小组防守战术。在实战中，当持球球员在后场中路或边路区域运控球时，小组多采用三角形围抢防守战术。三人围抢战术的实施要点如下：

（1）保持密集队形：快速形成紧密围抢态势，压缩持球球员的活动空间。

（2）延缓对手进攻：优先阻止或延缓持球球员的向前传球或运球推进，以打乱其进攻节奏。

（3）封闭空间与实施抢断：封锁持球球员的进攻路线，伺机果断上抢，力争抢夺控球权。

（4）快速攻防转换：获得球权后迅速组织反击，实现由守转攻的高效转换。

（5）避免防守犯规：在防守过程中保持冷静，避免犯规，确保防守的合理性和纪律性。

（三）保护防守战术

保护防守战术是指两到三名防守球员，依据持球球员的位置，利用选位形成相互支援和协防的小组防守战术。根据小组站位角度和形状的不同，保护队形包括三角形保护、直线保护、斜线保护等。在沙滩足球比赛中，保护防守战术的本质就是对有球区域快速形成人员密集队形，以保护危险区域。在实战中，保护防守战术要点如下：

（1）以"防内放外"为原则：快速构建保护队形，确保防守层次清晰，封堵对手进攻路线。

（2）把握距离与角度：通过合理的距离控制、角度选择和协同移动，形成有效的防守屏障，限制对手进攻空间。

（3）强化团队协作与沟通：依靠敏锐的观察、及时的交流与默契的配合，确保保护战术高效实施，提升整体防守质量。

二、小组防守战术练习方法

（一）夹抢防守练习

1. 组织方法

如图4-4所示，将球员分为两组（每组4人），在指定区域内进行"3V3+2GK"的对抗练习。守门员发球给边路进攻球员，进攻球员吸引防守后回传守门员，守门员再抛球给中锋，此时防守球员迅速靠近，前锋回撤与后卫形成前后夹抢。练习若干组后，进攻与防守互换角色。

2. 指导要点

（1）提前预判对手动向：预判对手意图，迅速靠近持球球员，同时保持合理的防守距离。

（2）延缓进攻与协调支援：延缓对手进攻节奏，等待前锋回撤支援，形成局部防守人数优势。

（3）沟通协作与实施夹抢：及时交流沟通，与队友协同配合，把握最佳时机果断实施夹抢。

（4）快速攻防转换：成功防守后，迅速完成由守转攻，通过控球组织或快速反击创造进攻机会。

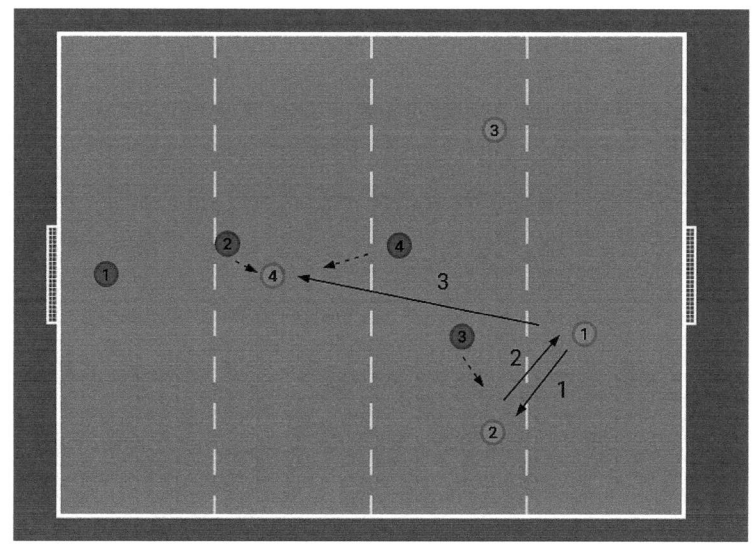

图 4-4　夹抢防守练习

（二）围抢防守练习

1. 组织方法

如图 4-5 所示，将球员分为两组（每组 5 人），在指定区域内进行"4V4+2GK"的对抗练习。进攻采用 1-2-2 队形，防守方采取 1-2-1-1 队形。守门员将球发球给边路进攻球员，边路球员选择回传或转移。当进攻方前锋接球时，防守球员应迅速靠近，中路球员负责限制空间，进攻方前锋快速回抢，与防守球员形成三人小组进行围抢。

2. 指导要点

（1）预判与压迫：提前预判对手动向，迅速靠近持球球员，封闭空间，限制进攻选择。

（2）站位观察与预判：根据攻防球员的站位，预判可能出现的进攻场景，提前做好防守准备。

（3）驱赶持球与时机等待：通过将持球球员驱赶至低威胁区域，延缓其进攻节奏，等待队友形成夹击或围抢的最佳时机。

（4）保持防守纪律性：避免盲目出脚或犯规，保持防守的合理性与稳定性，确保防守动作干净有效。

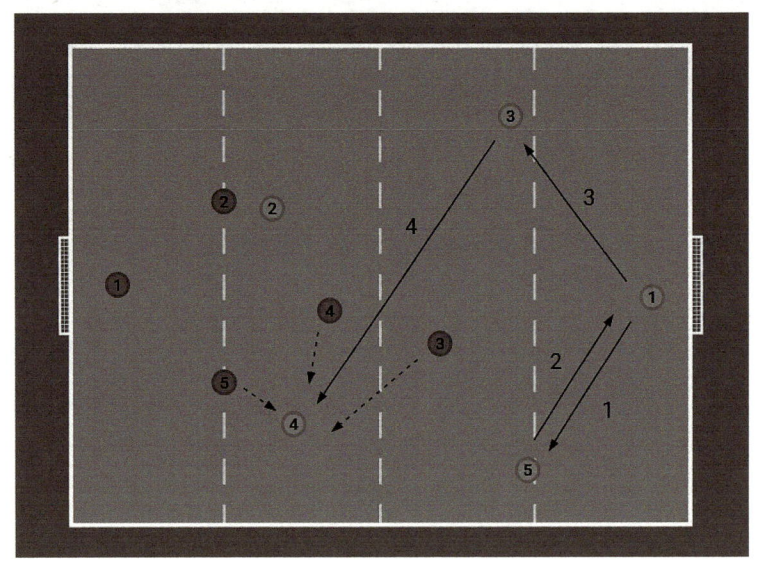

图 4-5　围抢防守练习

（三）移动与保护防守练习

1. 组织方法

如图 4-6 所示，在半场区域内进行"3V2+1GK"的对抗练习，守门员将球抛给进攻球员，进攻方执行 3 打 2 战术，防守球员需根据进攻球员的动向，在限制其进攻空间的同时实施压迫和保护。

2. 指导要点

（1）明确防守职责分工：确保整体防守的层次性与协同性。

（2）压缩进攻空间：以球为核心，迅速向持球区域移动，限制对手的传球和突破路线。

（3）保持合理防守距离与角度：与对手和队友保持合理的距离

与角度，形成有效的防守屏障。

（4）快速攻防转换：迅速移动至最佳防守位置，确保防守的连贯性与及时性。

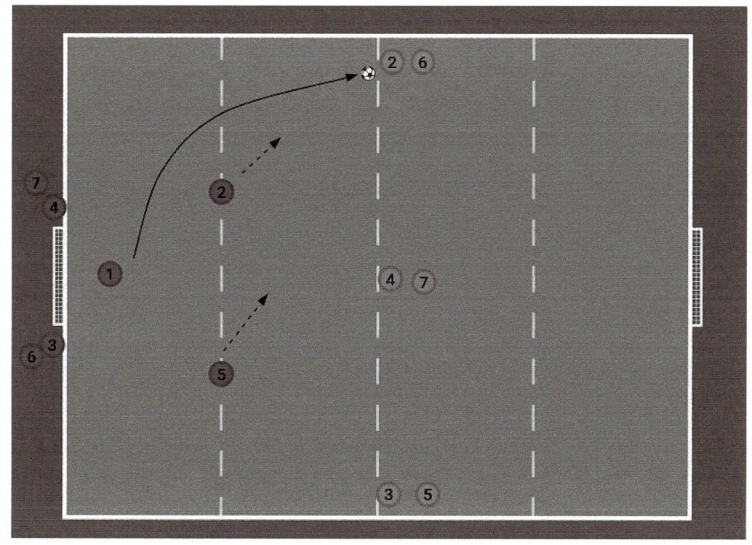

图4-6　移动与保护防守练习

第三节　整体防守战术

沙滩足球的整体防守战术基于其比赛特点，主要采用灵活的混合式防守策略，即在有球区域实施人盯人防守，无球区域则采用区域防守战术。同时，防守阵型的选择需根据对手的进攻阵型灵活调整。与常规足球不同，沙滩足球由于因场地较小且守门员手抛球可直接威胁对方禁区，因此在防守初始阶段，防守方通常优先回撤至本方半场，采用区域防守战术布阵。一旦守门员发球，防守方需迅速转换策略，对有球区域实施盯人防守，同时在无球区域贯彻区域防守原则，以此形成高效的整体防守体系。

一、整体防守战术类型

（一）1-3-1防守阵型（见图4-7）

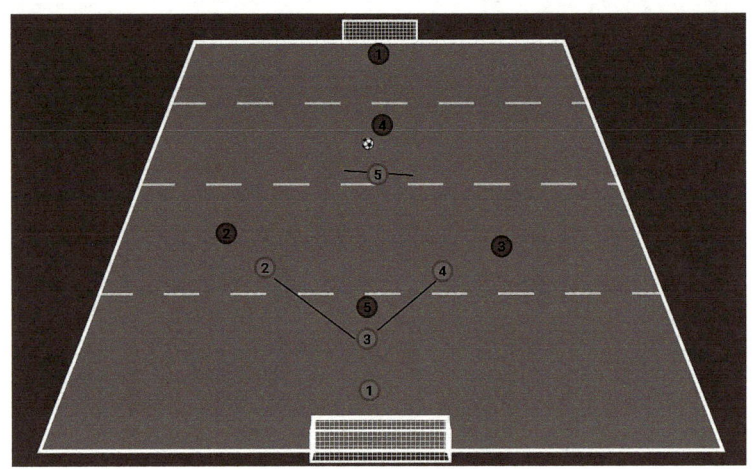

图4-7　1-3-1防守阵型站位

1-3-1防守阵型是沙滩足球比赛中最为常见的整体防守阵型之一，其核心由三名后卫和一名前锋组成。三名后卫并非平行站位，而是与前锋共同形成菱形结构，分布于锋线与后卫线之间。这种防守阵型在实战中表现出以下特点：

（1）后场人数优势显著：后场防守人员占比高，便于快速组织小组夹击和围抢，增强防守压迫性。

（2）关键区域全面保护：对门前中路及两侧边路的空当形成有效防护，降低对手的进攻威胁。

（3）队形紧凑合理：防守队形结构紧密，层次分明，能够高效应对对手的多点进攻。

（4）针对性防守策略：当对手采用1-3-1或1-1-2-1进攻阵型，且其中锋能力较弱时，防守方可采用密集的1-3-1防守阵型，通过合理运用人数优势和紧凑队形，有效压缩对手的进攻空间，从而提升防守的成功率。

（5）应对强力中锋的阵型调整：若对方中锋个人能力突出，可将阵型调整为1-1-1-2，由两名后卫前后夹击对方中锋，同时守门员适当前移，进一步增强防守强度。

1-3-1防守阵型凭借其灵活性和实用性，成为沙滩足球比赛中广泛采用的防守阵型，能够有效应对对手的多变进攻，同时为快速反击创造有利条件。

（二）1-1-2-1防守阵型（见图4-8）

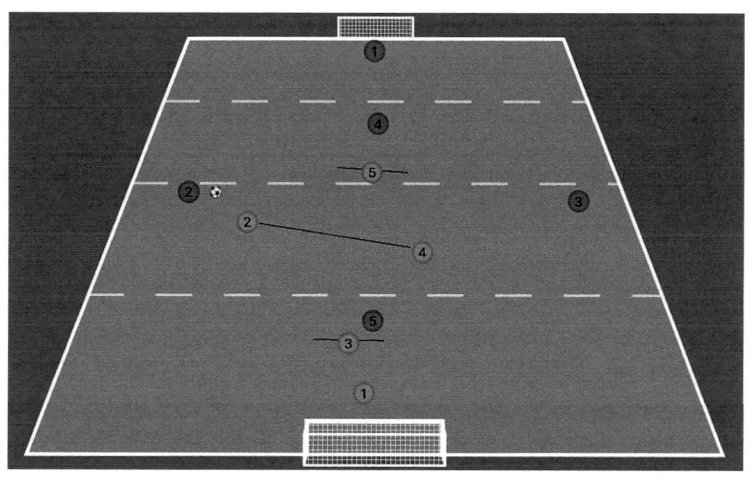

图4-8　1-1-2-1防守阵型站位

1-1-2-1防守阵型是沙滩足球比赛中一种常见的整体防守阵型，其核心由一名后卫、两名前卫和一名前锋组成，形成三条清晰的防守阵线。这种防守阵型在实战中特点如下：

（1）前场防守层次显著增强：通过增加前场防守人员的配置，拓展防守纵深，加强了对禁区和中场区域的保护。

（2）位置灵活性与保护紧密性：球员位置移动灵活，相互之间保护紧密，确保防守的连续性和稳定性。

（3）中路控球快速逼抢：当攻方中路球员控球时，防守球员可迅速上前实施逼抢，打乱对手的进攻节奏。

(4) 针对性防守策略：当对手采用 1-1-2-1 或 1-1-3-1 进攻阵型且其中锋能力较弱时，可采用 1-1-2-1 防守阵型，通过人数优势和紧凑的队形限制对手的进攻空间，提升防守成功率。

(5) 应对强力中锋的阵型调整：若对方中锋个人能力突出，可将阵型调整为 1-1-1-2，由两名后卫前后夹击对方中锋，同时要求守门员适当前移，进一步增强防守强度。

这种灵活的防守阵型能够根据对手的特点及时调整防守策略，既保证了防守的稳固性，又为快速反击创造了有利条件。

（三）1-2-2 防守阵型（见图 4-9）

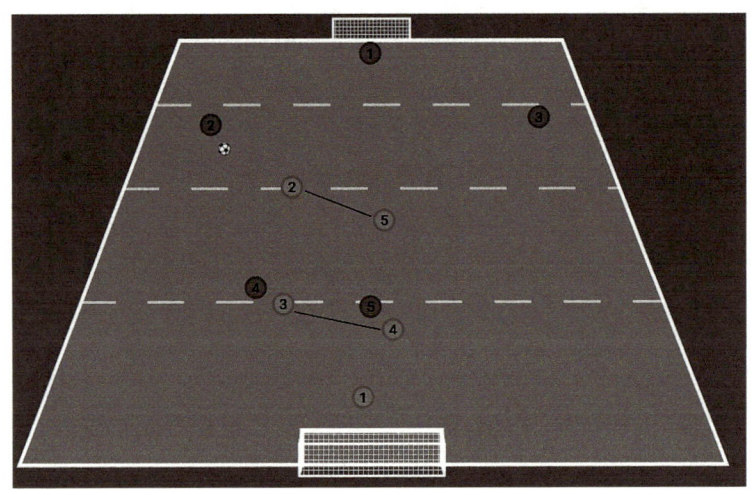

图 4-9 1-2-2 防守阵型站位

1-2-2 防守阵型是沙滩足球比赛中一种基础且实用的整体防守阵型，由一名守门员、两名后卫和两名前锋组成。这种阵型在实战中特点如下：

(1) 位置分工明确：两名前场球员承担前场压迫任务，两名后场球员负责保护禁区前中路区域，采用区域防守策略，确保防守覆盖的全面性。

(2) 高体能与强对抗需求：两名前场球员需具备出色的体能以完成高强度逼抢，两名后场球员则需具备突出的一对一防守能力，稳固后防线。

（3）防线空当隐患：两条防线之间的空当较大，容易出现漏防或防守犹豫问题，导致防守漏洞甚至失分。

（4）针对性防守策略：当对手采用1-2-2进攻阵型且其两名前锋能力一般时，防守方可采用密集的1-2-2防守阵型，通过紧凑队形和区域协作限制对手进攻空间，提升防守的成功率。

（5）应对强力中锋的阵型调整：若对方两名中锋个人能力突出，可将阵型调整为1-2-1-1，由一名中场球员后撤在两名后卫身前进行保护和协防。

1-2-2防守阵型在明确分工的基础上，需特别注意防线间的协同与补位，避免因空当过大而被对手利用，同时根据对手的特点灵活调整防守策略，确保整体防守的稳固性。

（四）1-2-1-1防守阵型（见图4-10）

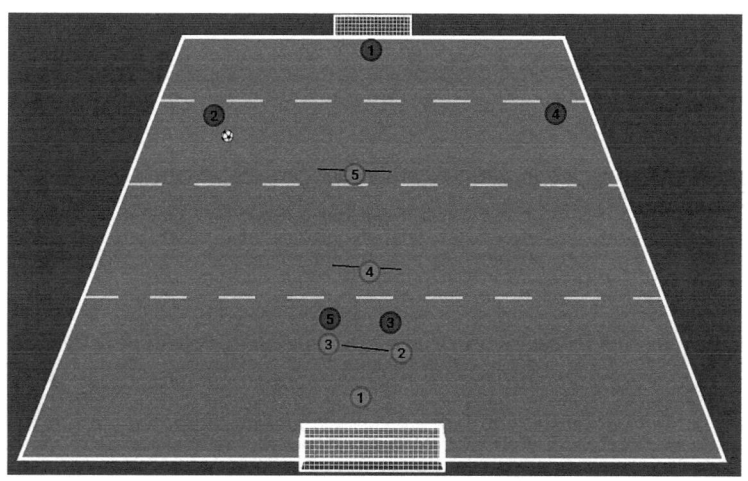

图4-10　1-2-1-1防守阵型站位

1-2-1-1防守阵型是沙滩足球比赛中一种基础且灵活的整体防守阵型，由一名守门员、两名后卫、一名前卫和一名前锋组成，形成三条清晰的防守阵线。这种阵型在实战中表现出以下特点：

（1）中路防守稳固性强：通过前卫的加入，增强了中路防守的厚度，优化队形的纵深保护，减少对手中路渗透的机会。

（2）位置变化灵活性高：球员位置变化灵活，相互之间的保护密切，能够快速应对对手的进攻变化。

（3）高战术素养与体能需求：该阵型对运动员的战术理解能力、位置感和体能水平要求较高，需具备快速移动和协同防守的能力。

（4）前场施压能力不足：攻方在后场控球空间较大，对持球球员的压迫不足，容易被对手远射得分。

（5）针对性防守策略：当对手采用1-2-2进攻阵型且其双前锋能力突出时，1-2-1-1防守阵型能够通过中路密集防守和灵活协防，有效限制对手的进攻威胁。

1-2-1-1防守阵型凭借其层次分明、灵活多变的特点，能够根据对手的进攻特点进行针对性防守，但同时需要球员具备较高的战术执行力和体能水平，以弥补前场施压不足的弱点。

（五）1-1-1-2防守阵型（见图4-11）

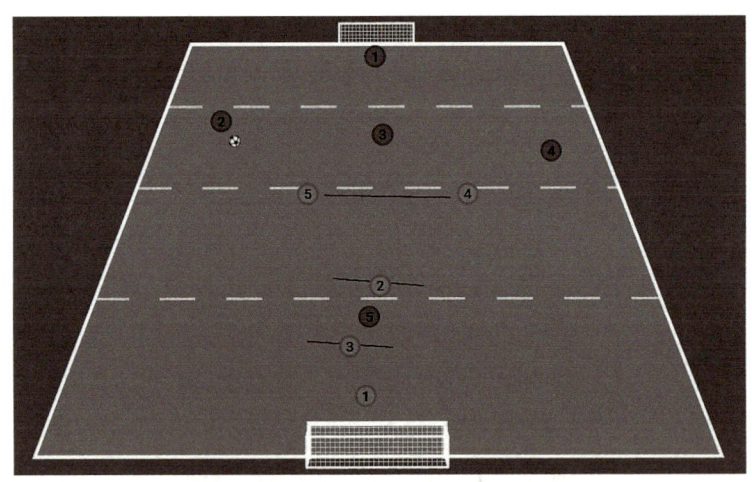

图4-11　1-1-1-2防守阵型站位

1-1-1-2防守阵型是沙滩足球比赛中一种特殊的整体防守阵型，由一名守门员、一名后卫、一名防守型前卫和两名前锋组成，形成三条清晰的防守阵线。这种阵型在实战中表现出如下特点：

（1）中路防守层次增强：通过防守型前卫的加入，增加了中路的防守厚度，更好地保持队形的纵深保护，减少对手的中路突破机会。

（2）前锋体能要求高：两名前锋需具备出色的体能，能够在对手边路前插时快速回防，填补身后空当，避免形成防守漏洞。

（3）针对强力前锋的防守：当对手前锋个人能力突出或擅长使用倒钩射门时，1-1-1-2防守阵型能够通过防守型前卫与后卫的联防，有效限制其接球和进攻威胁。

（4）前后联防与协调夹抢：防守型前卫与中后卫形成前后联防体系，协同夹抢对方前锋，切断其接球路线，增强防守压迫性。

（5）边路防守压力突出：由于阵型重心偏向中路，攻方在前场边路的空间较大，对边路球员前插的限制较小，容易被对手利用边路下底传中或直接射门。

（6）应对特定进攻阵型的策略：当对手采用1-1-2-1或1-3-1进攻阵型，或其中锋能力突出时，1-1-1-2防守阵型能够通过中路密集防守和灵活协防，从而有效限制对手的进攻威胁。

1-1-1-2防守阵型凭借其针对性强、中路防守稳固的特点，能够有效应对对手的强力前锋和中路进攻，但需要特别注意边路防守的补位与协防，避免被对手利用边路空间制造威胁。

二、整体防守战术练习方法

（一）1-3-1整体防守练习（见图4-12）

1. 组织方法

在指定区域内进行5V5比赛，若深色队采用1-1-2-1进攻阵型，指导队浅色可以1-3-1防守站位应对。指导队的防守体系由一名守门员、三名后卫和一名中锋组成，形成层次分明的防守布局：中锋球员4作为第一道防线，主要承担前场中路的防守压迫任务，通过积极逼抢将对方进攻球员向边路驱赶；球员2和球员3分别负责左、右边路的防守，当对方前卫或中锋拉边接球时，需迅速与中后卫球员

10形成前后夹击，切断其传球线路；球员10作为第二防线核心，主要负责禁区前沿的中路防守，同时兼顾左右两侧的协防补位，确保防守区域的完整性和防守层次的紧密性。这一防守体系强调区域联防与盯人防守结合，要求球员之间保持密集的站位和及时的协防补位意识。

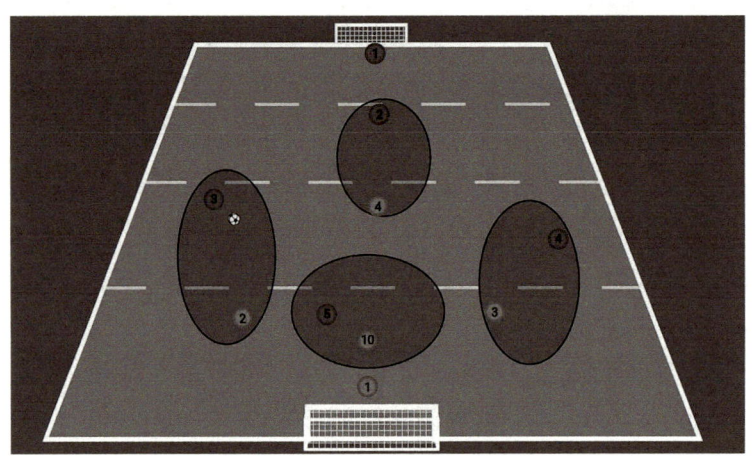

图4-12　1-3-1整体防守练习

2. 指导要点

（1）保持清晰的防守阵型：严格执行1-3-1防守站位，明确各位置防守职责。

（2）积极移动与补位：通过移动补位实现及时协防，填补防守空当。

（3）保持密集防守队形：压缩对手进攻空间，减少对手进攻线路选择。

（4）把握逼抢时机：协同实施逼抢，限制持球球员的进攻选择。

（5）迅速完成由守转攻：断球后利用对手防守未稳的时机发起反击。

（二）1-1-2-1整体防守练习（见图4-13）

1. 组织方法

在指定区域内进行5V5比赛，若深色队采用1-1-3-1进攻阵型，指导队浅色可以 1-1-2-1 菱形站位进行防守，指导队的防守体系由一名守门员、一名后卫、两名前卫、一名中锋组成，其中中锋球员 5 作为第一道防线，主要负责对持球人实施逼抢；球员 3 和球员 4 构成第二道防线，分别负责左、右两侧的防守保护，球员 2 作为第三道防线，主要负责禁区前中路的防守。这一防守体系注重层次分明，通过区域联防与盯人防守结合的方式，压缩对手进攻空间，同时为快速反击创造机会。

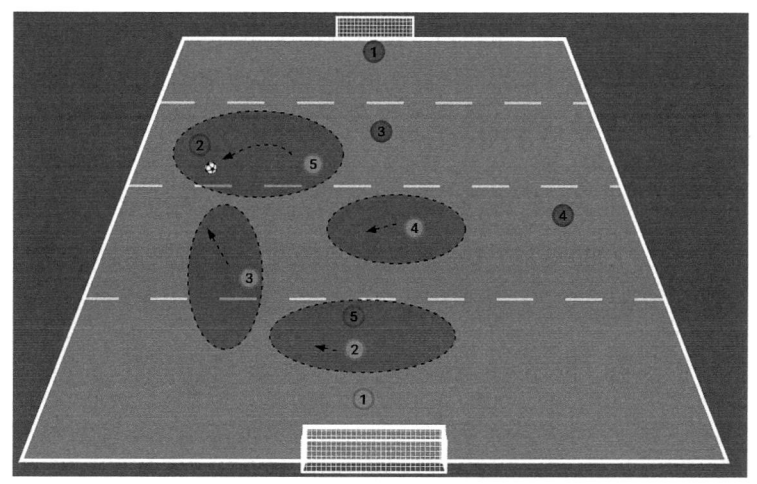

图 4-13　1-1-2-1 整体防守练习

2. 指导要点

（1）保持清晰的防守阵型：严格执行 1-1-2-1 菱形站位，明确防守区域和职责。

（2）积极移动与补位：根据对手的跑位及时调整站位，快速补防空当，确保防守体系的完整性。

（3）保持密集防守队形：压缩对手进攻空间，封锁传球和突破线路，与队友保持合理距离，实现相互支援。

（4）掌握压迫时机：在对手拨球或转身时果断实施逼抢，与队友协同防守。

（5）快速完成由守转攻：断球后迅速发起反击，前场球员及时前插，利用对手防守未稳的机会创造得分条件。

(三) 1-2-2 整体防守练习（见图 4-14）

1. 组织方法

在指定区域内进行 5V5 比赛，若深色队采用 1-2-2 进攻阵型，指导队浅色可以 1-2-2 阵型进行防守。指导队的防守体系由一名守门员、两名后卫、两名前卫组成，形成双层防守布局：前卫球员 4 和球员 5 构成第一道防线，通过左右移动对持球人实施逼抢和施压，干扰对方进攻组织；后卫球员 2 和球员 3 组成第二道防线，负责保护第一道防线身后的空当，重点防守禁区前的中路区域，同时还要兼顾边路协防，确保防守纵深和整体性。这一体系注重前后防线的紧密衔接，通过协同逼抢和区域联防，有效压缩对手的进攻空间，并为快速反击创造机会。

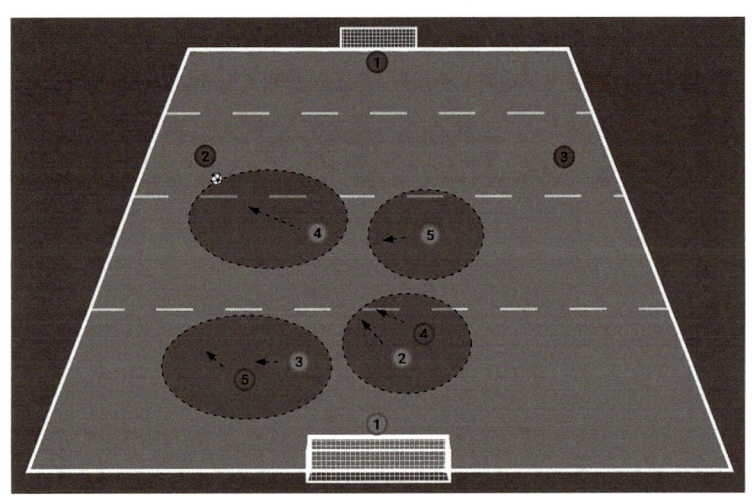

图 4-14　1-2-2 整体防守练习

2. 指导要点

（1）保持清晰的防守阵型：严格执行 1-2-2 防守站位，明确防守区域和职责。

（2）积极移动与补位：根据对手的跑位及时调整站位，快速填补防守空当，维持防守体系的完整性。

（3）保持密集防守队形：压缩对手的进攻空间，减少对手传球和突破线路选择,与队友保持合理距离,实现相互支援。

(4) 掌握压迫时机:在对手拨球或转身时果断实施逼抢,与队友协同防守,限制持球人出球选择。

(5) 快速完成由守转攻:断球后迅速发起反击,前场球员及时前插,利用对手防守未稳的时机创造得分机会。

(四) 1-2-1-1 整体防守练习(见图 4-15)

1. 组织方法

在指定区域内进行 5V5 比赛,若深色队采用 1-2-2 进攻阵型,指导队浅色可以 1-2-1-1 阵型进行防守,指导队的防守体系主要由一名守门员、两名后卫、一名中场和一名前锋组成,形成三层防守布局:球员 5 作为第一道防线,主要负责前场对持球人实施逼抢和施压;球员 4 作为第二道防线,主要负责保护前锋与后卫之间的空当和围抢中锋;球员 2 和球员 3 组成第三道防线,主要负责禁区前中路防守。这一防守体系注重层次分明与区域联防,通过协同逼抢和紧密站位,压缩对手的进攻空间,同时为快速反击创造机会。

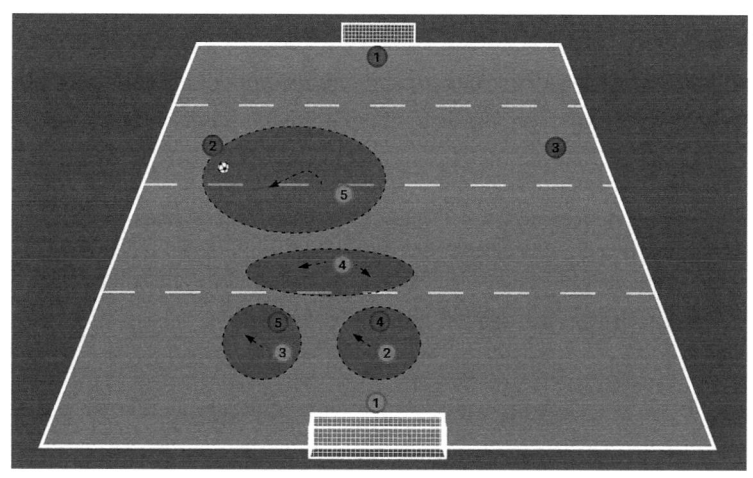

图 4-15　1-2-1-1 整体防守练习

2. 指导要点

(1) 保持清晰的防守阵型:严格执行 1-2-1-1 防守站位,明确各防守区域和职责。

（2）积极移动补位：根据对手的跑位及时调整站位，快速填补空当，维持防守体系的完整性。

（3）保持密集防守队形：压缩对手的进攻空间，减少对手传球和突破线路选择，与队友保持合理距离，实现相互支援。

（4）掌握压迫时机：在对手拨球或转身时果断逼抢，与队友协同防守，限制持球人的出球选择。

（5）移动、夹击和补位：中场球员需灵活移动，适时与前锋或后卫形成夹击，同时及时补位，确保防守衔接紧密。

（6）快速完成由守转攻：断球后迅速组织反击，前场球员及时前插，利用对手防守未稳创造得分机会。

（五）1-1-1-2 整体防守练习（见图 4-16）

1. 组织方法

在指定区域内进行 5V5 比赛，若深色队采用 1-1-2-1 或 1-3-1 进攻阵型，指导队浅色可以 1-1-1-2 阵型进行防守应对。指导队的防守体系由一名守门员、一名后卫、一名防守型前卫和两名前锋组成，形成三层立体防线：球员 4 和球员 5 作为第一道防线，负责前场的防守移动与驱赶；若对方边路球员形成插上或突破，要迅速回追防守。球员 3 作为第二道防线，镇守中路，负责左右补位协防，并适时回撤与后卫夹击对方中锋。球员 2 作为第三道防线，紧盯对方前锋，封锁其接球和突破路线，同时兼顾左右边路的补位。

这一体系通过层次分明的防守布局和紧密的区域联防，既能有效压缩对手的进攻空间，也能为快速反击创造机会。

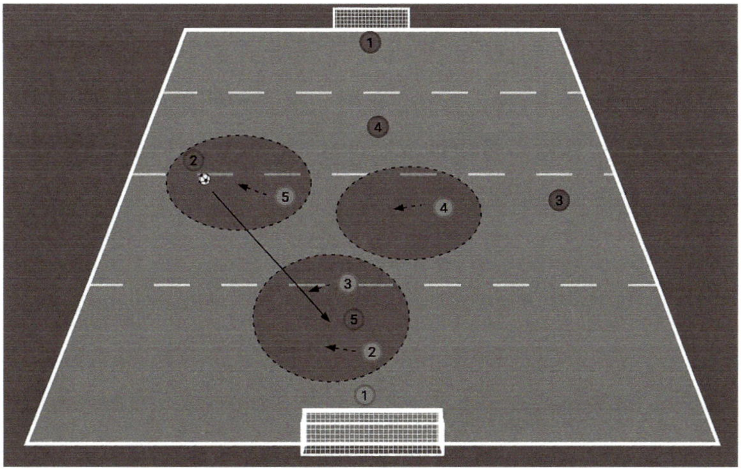

图 4-16　1-1-1-2 整体防守练习

2. 指导要点

（1）保持清晰的防守阵型：严格执行 1-1-1-2 防守站位，明确防守区域和职责及站位层次分明。

（2）积极移动与补位：根据对手跑位及时调整站位，维持防守体系的完整性，形成局部人数优势。

（3）保持密集防守队形：压缩防守空间，减少对手的传球和突破线路，与队友保持合理距离，实现相互支援。

（4）掌握压迫时机：在对手拨球或转身时果断逼抢，与队友协同防守，限制持球人的出球选择，同时避免盲目上抢导致失位。

（5）移动、夹击和补位：中场球员需灵活移动，适时与前锋或后卫形成夹击并及时补位，确保防守衔接紧密。

（6）快速完成由守转攻：断球后迅速组织反击，前场球员及时前插，利用对手防守未稳的有利时机快速形成进攻威胁。

第四节　定位球防守战术

沙滩足球比赛中的定位球防守，是指防守球员依据不同定位球的进攻组织情况，以保护球门为目的，通过合理的位置安排与任务分工实施的战术策略。与常规足球不同，沙滩足球的定位球防守多采用区域防守战术，尤其是在任意球防守中，由于规则限制不允许排人墙，防守球员的分工和站位需更加灵活和精准，这使得任意球防守战术与其他定位球防守战术存在显著区别。

一、定位球防守战术类型

（一）开球防守战术

开球防守战术在沙滩足球比赛中，多应用于双方进球后和每节比赛开始阶段。该战术是针对进攻队形和战术的防守配合方法，可通过排列人墙并明确球员分工实现，主要包括 2-3 战术、1-2-2 战术和 1-1-2-1 战术。

1. 开球 2-3 防守战术（见图 4-17）

开球 2-3 防守战术是指一名球员站在一侧门柱旁帮助守门员进行协防，其余三名球员在距离中线 5 米处排列人墙。这种战术是沙滩足球比赛中最常用的开球防守方法，其特点是组织形式简单、分工明确，既能直接封堵对手的射门路线，又能通过门柱旁的防守球员为球门提供额外保护，有效降低对手直接得分的可能性。

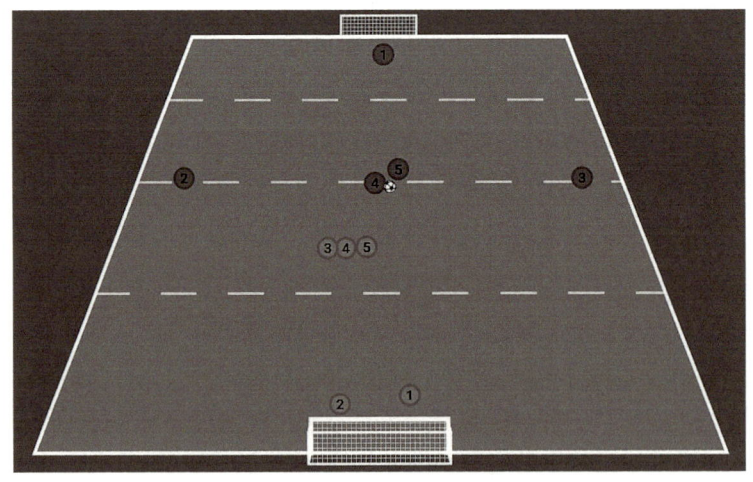

图 4-17　开球 2-3 防守战术站位

2. 开球 1-2-2 防守战术（见图 4-18）

开球 1-2-2 防守战术是除守门员外的四名防守球员被分成两条防线，两名球员在距离中线 5 米处排列人墙，封堵对手的直接射门路线；另两名球员分别保护人墙左、右两侧，防止边路突破。该战术优点在于封锁中路射门线路并保护边路，不足之处是缺乏对球门一侧的保护，可能会被对手利用快速转移或远射形成威胁。

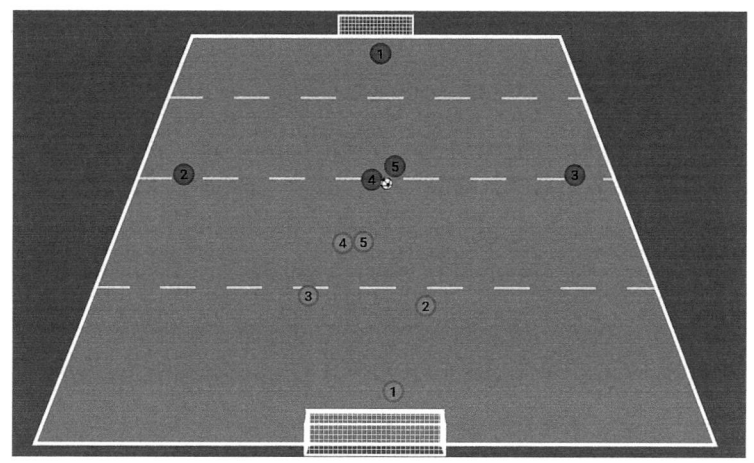

图 4-18 开球 1-2-2 防守战术站位

3. 开球 1-1-2-1 防守战术（见图 4-19）

开球 1-1-2-1 防守战术由守门员以外的四名防守球员组成：一名球员站在一侧门柱前防守，另一名球员在距离中线 5 米处单独排列人墙，其余两名球员在人墙身后左、右两侧进行保护。这种战术的优点在于通过人墙封堵对手直接射门路线，同时人墙两侧的队员对对方边路球员进行盯防。然而，由于人墙仅由一人组成，封堵对手直接射门的效果相对较差，可能会被对手利用远射突破防线。

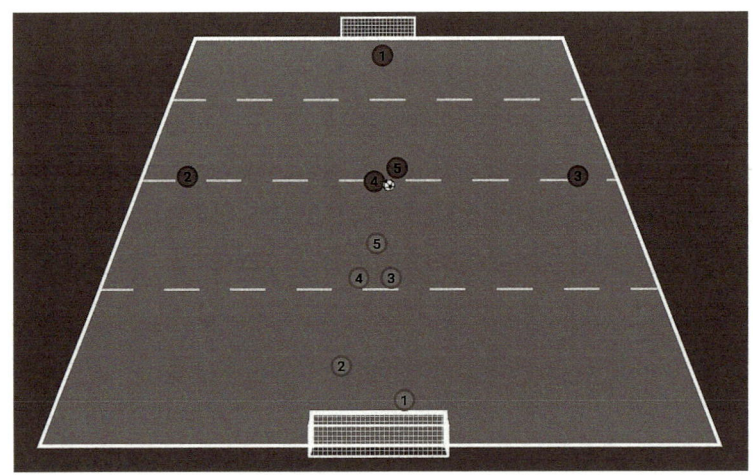

图4-19 开球1-1-2-1防守战术站位

4. 战术指导要点

（1）明确防守区域合理站位，避免出现防守漏洞。

（2）靠近持球人对其实施紧逼，限制其传球或射门选择。

（3）发球后迅速回撤保护，封锁射门角度。

（4）防守轮转，根据对手移动及时换位，保持阵型紧密。

（5）断球后迅速组织反击，利用对手防守未稳的时机发起进攻。

（二）角球防守战术

在沙滩足球比赛中，角球防守战术是整体防守战术之一，要求所有球员共同参与。防守球员需通过合理的站位封闭空间、封堵射门，以达到保护球门和夺回球权的双重目的。高水平球队通常采用两种主要战术：弧线形区域角球防守战术和区域结合盯人防守战术，这两种战术都体现了现代沙滩足球对空间控制和团队协作的重视。

1. 弧线形区域角球防守战术（见图4-20）

弧线形区域角球防守战术采用独特的弧形站位体系，由四名防守球员分别驻守罚球侧底线、球门前点、球门中点和球门后点四个关键位置，形成一道类似弧线盾牌的防守屏障。其中，球门前点与底线球员主要负责封堵直接射门和近门柱传球路线，而球门中点与球门后点球员则重点防守门前主要得分区域及高空球落点。该战术的优势在于防守覆盖面积大，球员间能形成有效的纵深保护，可显著遏制对手的直接射门威胁。然而，其局限性在于单点防守力量相对薄弱，容易被对手通过人数优势或挡拆战术调动轻松突破防线。

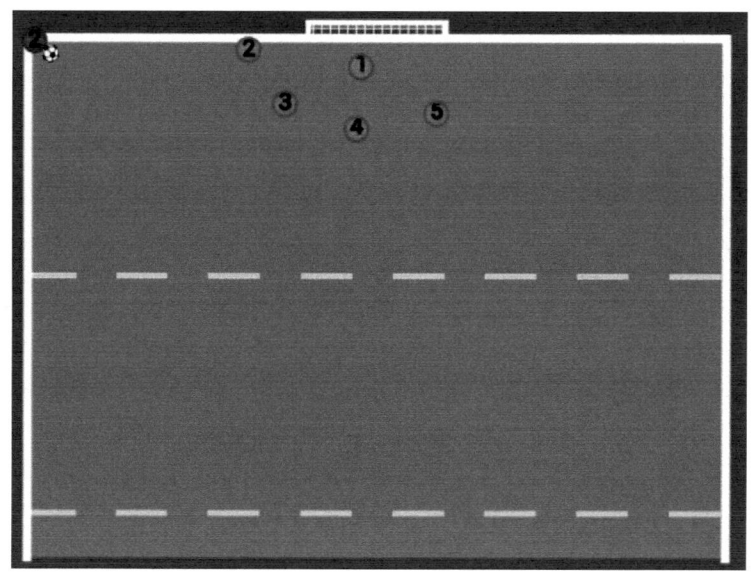

图4-20 弧线形区域角球防守战术站位

2. 区域结合盯人防守战术（见图4-21）

区域结合盯人防守战术采用2-2混合防守体系，四名防守球员围绕球门形成多层次保护屏障。前两名球员执行区域防守，分别驻守前门柱和前点位置，主要负责封堵直接射门、近门柱传球以及化解短传角球威胁；后两名球员则根据进攻球员站位实施人盯人防守，重点防范门前得分区域，干扰后点长传角球配合。该战术的优势在于构建了立体化防守体系，既强化了门前保护层次，又为守门员提供了额外的安全保障；同时，通过纵深布防实现了有效的协防补位。这种战术的局限性在于外围防守相对薄弱，可能会为对手创造更多的远射机会和控球空间。

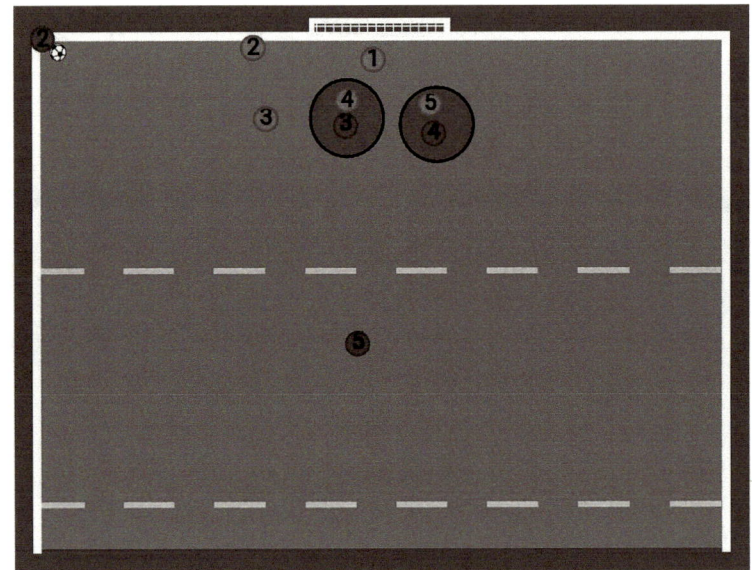

图 4-21 区域结合盯人防守战术站位

3. 战术指导要点

（1）区域站位：严格执行区域防守与盯人防守职责，确保防守区域和重点球员都有专人负责。

（2）人球兼顾：在关注球路的同时，紧盯进攻球员的跑位动向。

（3）门前保护：及时预判并封堵门前危险区域，准确预判球的第二落点。

（4）错位布防：采用交错站位策略，避免防守球员排列成直线而暴露空当。

（5）快速反击：成功防守后，迅速完成由守转攻的战术转换，把握反击时机。

（6）协同配合：保持球员间的沟通与协作，形成统一的防守整体，确保战术执行的连贯性。

（三）界外球防守战术（见图 4-22）

在沙滩足球比赛中，界外球防守战术主要针对靠近球门线附近的界外球。界外球可采用脚部发球或手抛的方式发球。通常情况下，界外球防守采用球线后防守战术，即场上四名球员都回撤到球线后落位防守。前点和后点各安排一名防守球员，剩余两名球员进行人盯人防守。由于界外球防守时可能会出现人数劣势，因此在前场界外球防守中一般采用区域结合盯人的方式，以确保防守的严密性和有效性。战术指导要点如下：

（1）明确区域结合盯人防守站位，合理分配防守任务。

（2）快速回撤到门前区域，控制球的第二落点，保护球门安全。

（3）注重防守轮转换位，加强球员间的紧密协作，通过轮转填补防守无漏洞。

（4）强调快速由守转攻，断球后立即组织反击，利用对方防线未稳创造得分机会。

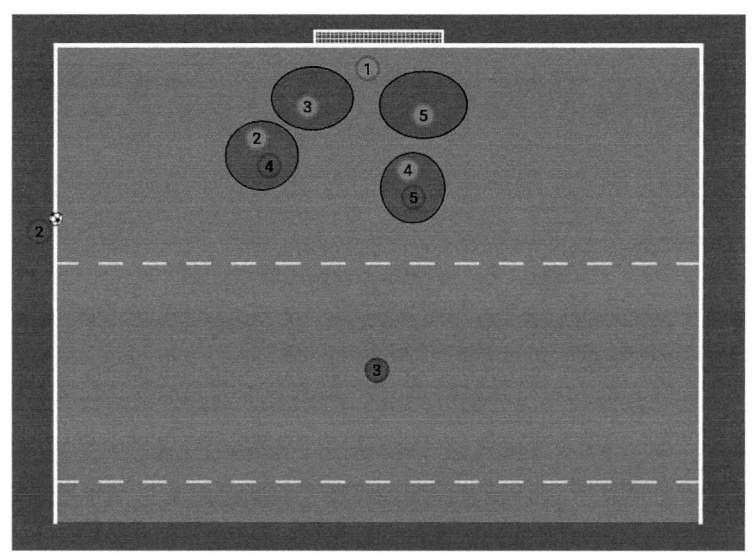

图4-22　界外球防守战术站位

（四）任意球防守战术

在沙滩足球比赛中，所有任意球均为直接任意球，且规则不允许排人墙，因此进攻方通常会选择直接射门。防守时，球员需根据犯规地点的不同选择相应的站位区域。根据犯规位置，沙滩足球的任意球防守可分为前场任意球防守和后场任意球防守两种类型。

1. **前场任意球防守战术（见图 4-23）**

前场任意球防守时，双方球员需落位在球线的后方，且与球的距离要在 5 米以上；若球靠近一侧边线，且与边线的距离小于 5 米，则该区域不能有球员站位。前场任意球防守需注意对进攻球员的盯防，一般采用人盯人战术，防止对手完成进攻配合或进行补射。

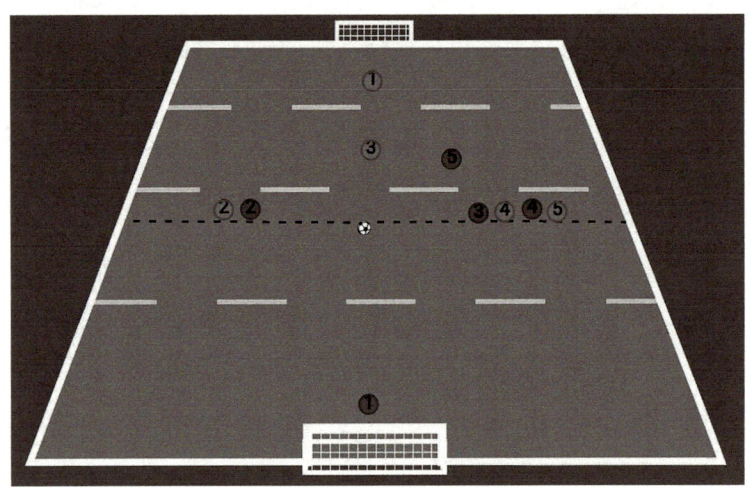

图 4-23 前场任意球防守战术站位

2. **后场任意球防守战术（见图 4-24）**

后场任意球防守时，防守球员依据球的位置，分别落位在以球为基准的"手电筒"假想线左右两侧，且与球的距离要在 5 米以上；若球靠近一侧边线，且与边线的距离小于 5 米，则该区域不能有球员站位。后场任意球防守需注意对进攻球员的盯防，一般采用人盯人战术，防止对手完成进攻配合或进行补射。

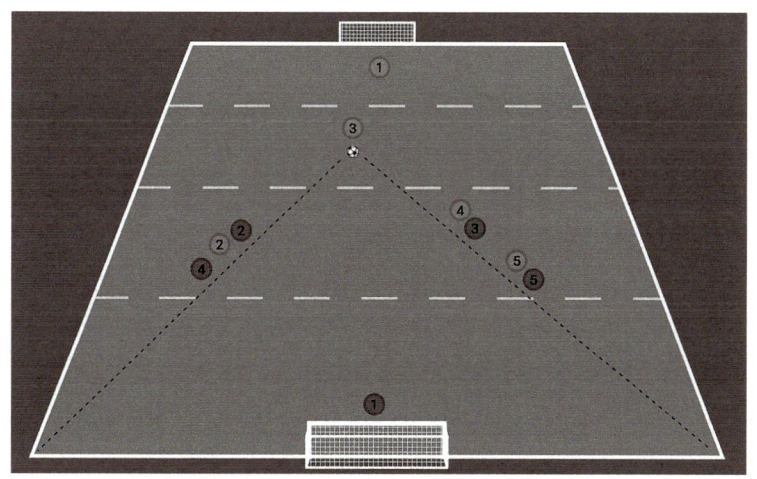

图4-24 后场任意球防守战术站位

3. 指导要点

（1）防守盯人站位，分工明确。

（2）防止补射以及对第二落点的保护。

（3）强调快速由守转攻，断球后立即组织反击，利用对方防线未稳创造得分机会。

二、定位球防守战术练习方法

（一）开球防守战术练习

1. 开球2-3防守战术练习

如图4-25所示，将球员分成四人一组，采用针对性站位：一名球员（球员2）站在球侧门柱前，负责封堵射向近端球门柱的球；其余三名球员（球员3、球员4、球员5）排成人墙，重点封堵对手的直线射门。其中，球员5负责阻挡正面射门，球员3和球4分别封堵左右两侧的射门线路，并在必要时快速回撤，保护无球侧的空当区域。

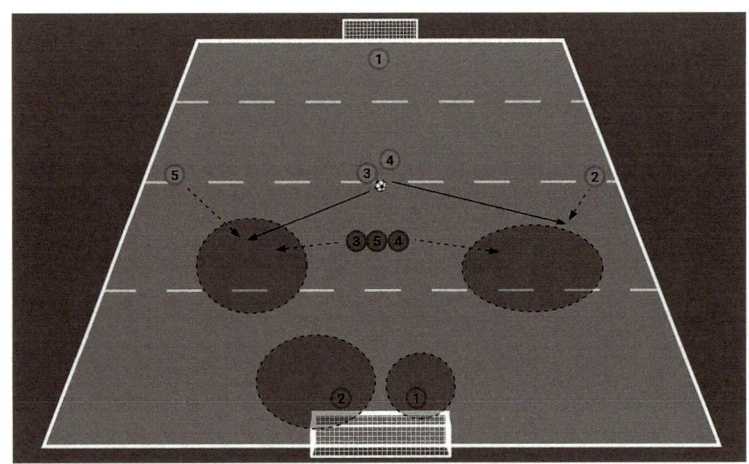

图4-25 开球2-3防守战术练习

2. 开球1-2-2防守战术练习

如图4-26所示，将球员分成四人一组，采用分工明确的站位：球员3和球员5负责排成人墙，重点封堵对手的直接射门路线；球员2和球员4则分别站在人墙后的左右两侧，负责保护边路空当区域，同时盯防对方的边路进攻球员。

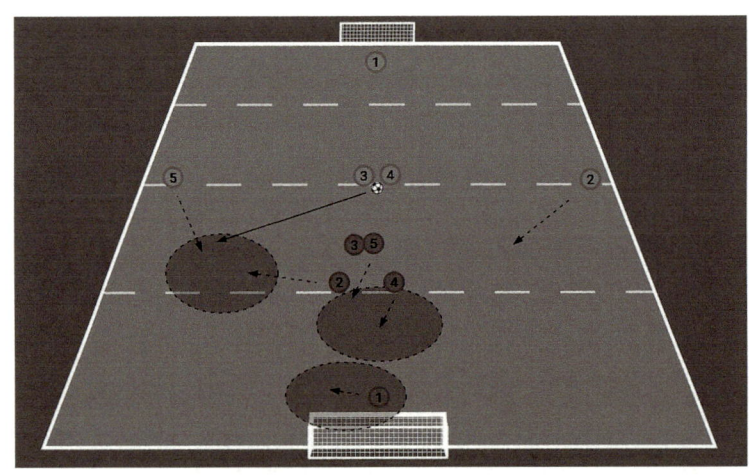

图4-26 开球1-2-2防守战术练习

3. 开球 1-1-2-1 防守战术练习

如图 4-27 所示，将球员分成四人一组，采用菱形站位：球员 5 作为第一防守人，负责封堵对手射门路线并对持球球员实施紧逼和施压；球员 2 和球员 3 分别保护左右两个边路空当，同时盯防边路进攻球员，防止对方从侧翼突破；球员 4 则负责保护一线、二线之间的身后空当，及时补位和拦截。

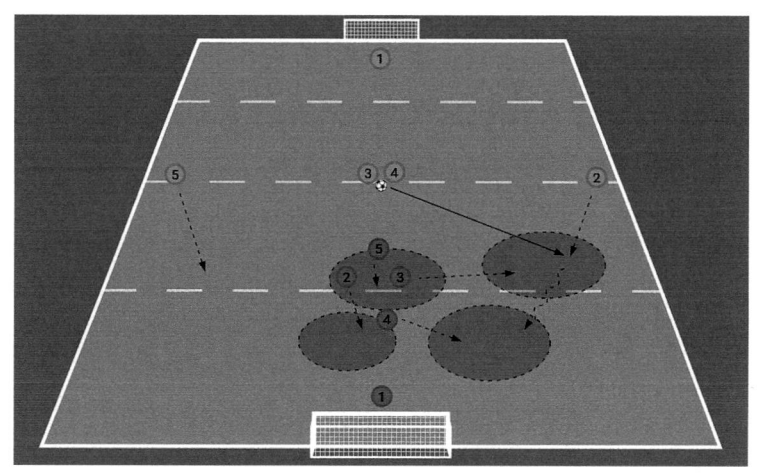

图 4-27 开球 1-1-2-1 防守战术练习

4. 指导要点

（1）区域防守站位：球员合理落位内侧，形成紧密的防守阵型。

（2）对球紧逼：球发出后，靠近球的球员迅速封堵射门或传球路线，施加压力。

（3）回撤与保护球门：快速回撤至门前危险区域，重点保护球门，防止对方补射或二次进攻。

（4）防守轮转换位：防守球员之间保持协作，通过轮转换位确保防守覆盖无死角。

（5）强调快速由守转攻：成功防守后，利用对方防线未稳的机会快速推进，争取创造得分机会。

(二) 角球和界外球防守战术练习

1. 弧线形区域角球防守练习

如图 4-28 所示,将球员分成四人一组,按照弧线形状选位,彼此间距保持 2 米,确保防守覆盖的连贯性。具体分工如下:球员 5 作为第一防守人,负责封堵对手的射门或传向门前的球;球员 4 担任第二防守人,重点封堵传球线路,同时兼顾前点防守;球员 3 和球员 2 共同负责门前中路区域以及后点区域的防守任务。

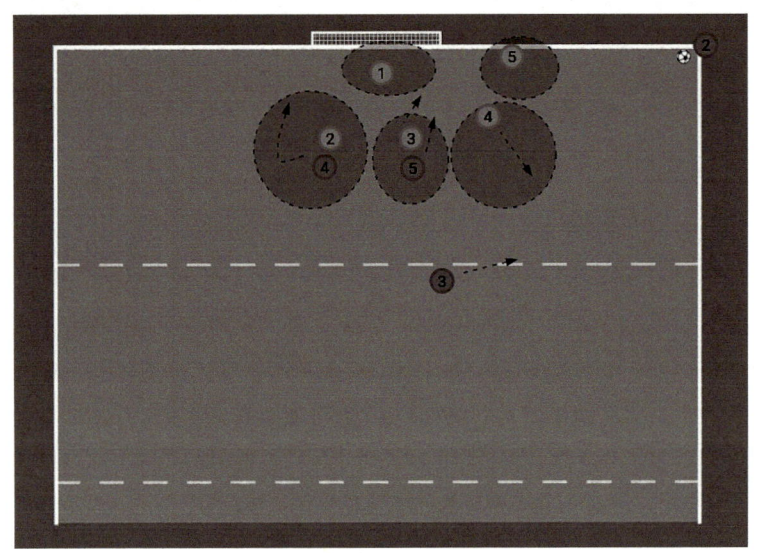

图 4-28 弧线形区域角球防守练习

2. 区域结合盯人防守练习

如图 4-29 所示,将球员分成 4 人一组,采用 2-2 区域站位,围绕守门员形成保护圈,彼此间距保持在 2 米左右。具体分工如下:球员 5 作为第一防守人,负责封堵对手射门或传向门前的球;球员 4 担任第二防守人,重点封堵传球线路,同时兼顾前点防守;球员 3 和球员 2 则负责盯防对方重点球员,并协同保护中路和后点区域。

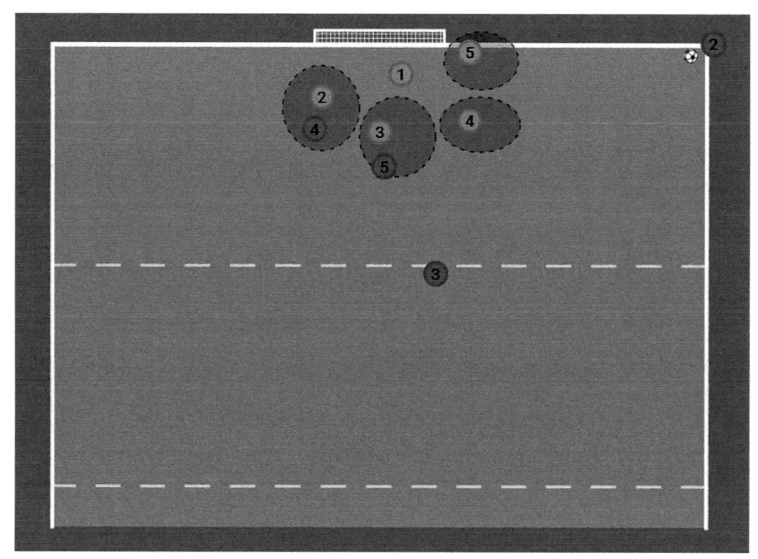

图4-29 区域结合盯人防守练习

3. 指导要点

（1）区域防守站位：球员要合理落位，形成紧密的防守阵型，确保覆盖关键区域。

（2）人球兼顾：防守时保持灵活移动，既要盯防对手，也要时刻关注球的位置。

（3）预判与保护：预判对方发球线路，封堵射门角度，重点保护球门区域，防止得分。

（4）错位站位：防守球员交错站位，要避免与队友站成一条直线，确保防守层次分明。

（5）强调快速由守转攻：成功防守后，利用对方防线未稳的机会快速推进，争取创造得分机会。

（三）任意球防守战术

1. 前场任意球防守练习

如图4-30所示，防守方四名球员分别在球线后和攻方进攻人内线选位，球一旦踢出，所有球员需迅速回撤至球门前方完成保护落位。具体分工如下：球员2和球员4落位在禁区中路附近，负责封堵中路射门和保护核心区域；球员3和球员5则进行盯人盯位，落位在球门柱延长线附近，防止对手从两侧突破或传中。

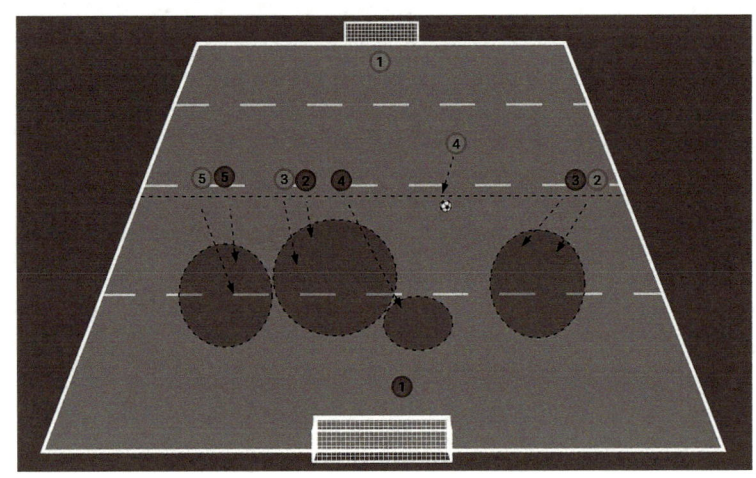

图4-30 前场任意球防守练习

2. 后场任意球防守练习

如图4-31所示，防守方四名球员分别在球与两个角球区形成的三角区域外选位，同时在进攻人的内线落位。球一旦踢出，所有球员需迅速回撤至球门前中路完成保护落位。具体分工如下：球员4和球员2落位在禁区中路附近，负责封堵中路射门和保护核心区域；球员3和球员5则进行盯人盯位，落位在球门柱延长线上，防止对手从两侧突破或传中。

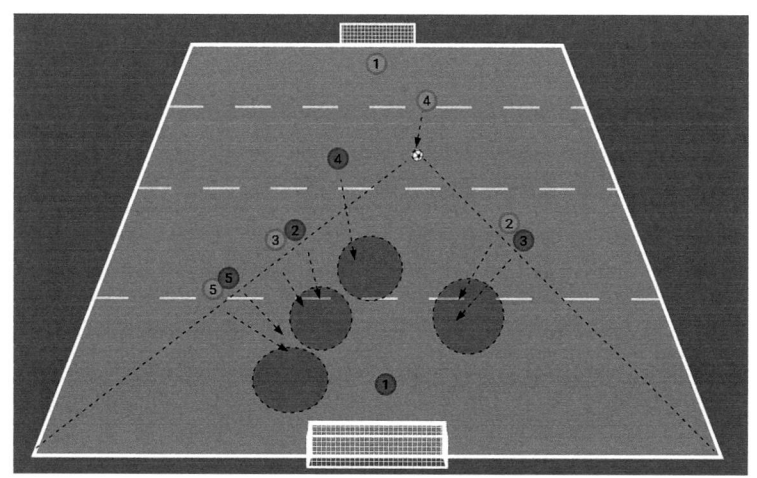

图 4-31 后场任意球防守练习

3. 指导要点

（1）人球兼顾：防守时盯人盯位、人球兼顾，确保防守的全面性。

（2）回撤迅速：球一旦发出，所有球员需快速回撤至球门前危险区域。

（3）防补射与争二点球：盯人防止补射，同时积极争夺第二落点，破坏对方的二次进攻。

（4）强调快速由守转攻：成功防守后，利用对方防线未稳的机会快速推进，争取创造得分机会。

第五章

沙滩足球守门员

第一节　沙滩足球守门员基本技术

在沙滩足球比赛中，守门员作为球队的核心角色，既是防守端的最后屏障，也是进攻端的组织核心。其技术能力直接影响比赛的走向，在攻防两端都发挥着不可替代的作用。守门员不仅要精准判断、果断出击以及守护球门，更要具备出色的视野和传控球能力，成为球队进攻的第一发起点。这种双重角色使守门员成为影响比赛胜负的关键因素。

一、沙滩足球守门员技术类型

（一）抛球技术

在沙滩足球这项运动中，守门员远非传统意义上的最后一道防线，而是球队攻防体系的核心引擎。这源于沙滩足球独特的规则特点和战术需求。守门员不仅需要具备出色的防守能力，更要承担进攻组织的重任。由于沙滩足球的门球规则规定采用手掷球而非脚踢球，因此守门员的手抛球技术直接决定了球队由守转攻的质量。

在沙滩足球比赛中，大量精彩的进球都源自守门员的精准掷球，其中相当比例的进球更是在守门员发球后的三次传递内完成的。这种独特的战术价值使守门员成为名副其实的"场上指挥官"，其表现往往直接影响比赛的最终结果。因此，在现代沙滩足球战术体系中，守门员已发展成为集防守核心、进攻发起者和战术执行者于一体的关键角色。守门员的掷球技术一般分为高手掷球和低手掷球两种。

1. **高手抛球技术**（见图5-1）

高手抛球主要用于快速发动长距离进攻。该技术的特点是，出球时手部位置高于肩关节，能够根据场上情况选择不同的传球方式：当抛球路线上没有防守球员干扰时，可采用飞行轨迹平直的快速直线球；若遇防守球员拦截，则可选择带有明显弧线的过顶下坠球，以有效避开防守人。

动作要领：以右手抛球为例，守门员首先单手掌心稳固持球，将重心置于后腿，通过展腹动作充分蓄力，同时手臂后伸形成预摆。发力时，后腿快速蹬地，配合收腹动作，在左臂下压保持平衡的同时，右臂迅速前摆，并在球出手瞬间通过手腕下压动作精确控制出球角度。

图5-1　高手抛球技术

2. 低手抛球技术（见图5-2）

低手抛球是沙滩足球守门员组织进攻的重要技术动作，主要用于本方半场内的短距离精准传球。这项技术的特点在于能够确保传球的可控性和准确性：当守门员获得球权后，通过低手掷球可以将球直接送到队友的脚下、大腿或胸部等理想位置，使队友能够直接传球或完成一停一传，有效避免了球在松软沙面上滚动时可能产生的变向、变线等不确定性，大大提高了进攻组织的效率和成功率。

动作要领：以右手抛球为例，守门员首先单手掌心稳固持球，重心均匀分布于两腿之间，通过展腹动作蓄力，同时手臂自然后伸形成预摆。发力时，后腿蹬地配合收腹动作，在左臂向后回收保持平衡的同时，右臂快速前摆，并在球出手瞬间通过手指上勾、肘关节固定和肩关节前送等细节动作确保传球的精准度。

图 5-2 低手抛球技术

（二）接球技术

在沙滩足球比赛中，守门员的手接球技术是防守体系的核心环节，主要包括处理对手射门和接应同伴回传球两种场景。由于沙滩足球场地相对较小，守门员在成功接挡来球后，往往能够迅速通过手掷球发动快速反击。这种由守转攻的快速转换成为现代沙滩足球比赛的重要战术特征。具体而言，守门员的手接挡球技术可分为三大类：处理高空球的接空中球技术、应对地面传球的接地滚球技术，以及处理沙地反弹的接反弹球技术。每种技术都需要守门员根据来球轨迹和比赛形势做出快速判断和准确应对。

1. 接空中球技术（见图 5-3）

守门员接空中球技术是沙滩足球比赛中最为关键且使用频率最高的专项技术之一，主要应用于处理对手的空中射门和本方球员的回传球。这项技术既是防守端化解对方威胁的重要手段，又是进攻端发起快速反击的关键起点。特别是在对手实施贴身紧逼时，本方球员往往会选择挑传守门员来打破压迫，这使得接空中球后快速发动进攻成为沙滩足球的重要战术选择。因此，现代沙滩足球守门员的训练范畴已不再局限于传统的门线技术，而是需要重点加强在禁区内接球后的快速处理能力，包括接球前的观察、决策和传球等环节，以充分发挥其在攻防转换中的战术价值。

动作要领：首先，准确判断来球路线，保持身体平衡并快速移动选位；其次，根据来球高度采取相应接球方式。当接高于胸部的来球时，双臂上伸迎球，双手呈"W"形张开，拇指相对，固定腕关节后快速回收前臂，尽早将球控制在胸前；接半高球时，则需降低重心、上体前压，通过夹紧肘关节和快速回收前臂将球抱稳。

图5-3　接空中球技术

2. 接地滚球技术（见图5-4）

在沙滩足球比赛中，守门员接地滚球是一项技术要求极高的关键技能，主要用于应对对手的地滚球射门和本方球员的地滚球回传。由于沙地表面不平整，球的运行轨迹往往会出现难以预判的变向和弹跳，这给守门员带来了放大挑战。因此，守门员通常采用分阶段处理的方式：首先以单膝或双膝跪地的姿势进行初次挡球，降低重心、扩大防守面积；随后根据球的反弹轨迹迅速调整，完成抱接动作。

动作要领：准确判断来球路线并快速移动选位。准备接球时，两脚左右开立，一腿屈膝深蹲，另一腿屈膝呈跪撑状，膝关节靠近支撑腿脚跟位置。接球瞬间，重心降低、上体前压，双手手掌正对来球，小指并拢，手腕微屈，两臂自然下垂并略微屈肘前迎。触球时，手指和手腕适度紧张用力，通过屈肘、屈腕的缓冲动作将球后撤，最终将球稳稳控制在胸前位置。

图 5-4　接地滚球技术

3. 接反弹球技术（见图 5-5）

在沙滩足球比赛中，接反弹球射门是守门员面临的最大技术挑战之一，也是决定比赛胜负的关键因素。由于沙地表面的不规则性，球落地后的反弹方向和高度往往难以预测，这就要求守门员必须具备出色的预判能力和快速反应能力。训练的核心在于提高守门员对球第一落点的判断准确性，以及在最佳时机完成接挡动作的能力。在练习过程中，守门员需要保持动态站位，始终预判球的飞行轨迹和落点，保持重心前倾，力求在球触地反弹的瞬间将其控制在自己的防守范围内。

动作要领：首先准确预判来球路线。准备接球时，重心降低，身体前倾；两手的小指靠近，五指分开，屈腕，两手臂下垂略屈臂，整个手臂呈"圆勺"形。接球后，迅速前扑倒地，用小臂接触地面，将球牢牢压在身下，确保不会脱手。

图 5-5 接反弹球技术

(三) 扑球技术

扑球是守门员技术中的难点,是守门员在通过移动无法及时接到球时采用的一种补救方法。扑球时,守门员通过身体迅速倒地,最大限度地延伸手臂的控制范围,从而将远离身体两侧的球成功接住或扑出。扑球时,守门员迅速单腿起跳(通常是距球较近的那条腿),以获得更高的高度和更大的力量,此时应尽量展开身体,形成一道屏障。沙滩足球守门员主要运用的扑球技术可分为扑侧面球技术、扑平高球技术。

1. 扑侧面球技术(见图 5-6)

在沙滩足球比赛中,当对手向守门员身体两侧射出快速低平球时,由于球速快、角度刁钻,守门员若仅靠原地站立或简单的侧向移动已无法有效接球。此时,守门员必须迅速判断球的飞行轨迹,并果断运用倒地侧扑技术。这一技术要求守门员在瞬间做出反应,身体向球的方向倾斜,同时伸展手臂,以最大范围覆盖球门区域,确保能够成功拦截或扑出对方的射门。倒地侧扑不仅考验守门员的反应速度和极佳的身体协调性,还需要具备良好的预判能力和勇气,是沙滩足球守门员必备的关键技术之一。

动作要领:身体保持准备姿势,重心降低,双腿弯曲,目视来球，身体向来球的方向侧倾，同侧腿发力蹬地，两手快速伸出，同侧手在球的后方挡球，异侧手在球的侧后上方。同时身体展腹，向同侧方向倒地。侧倒过程以小腿、大腿、臀部、肩部和手臂外侧的顺序缓冲着地。

图 5-6　扑侧面球技术

2．扑平高球技术（见图 5-7）

在沙滩足球比赛中，当对手向守门员射出快速的半高球或高球时，守门员需要迅速做出反应，采用向侧方鱼跃扑球的技术。这种技术不仅要求守门员具备出色的弹跳力和身体协调性，还需要具备精准的判断力和果断的执行力。这种技术的合理运用，既体现了守门员的专业素养，也展现了其对比赛局势的精准把控。

动作要领：保持正确的准备姿势，重心降低，目视来球。身体向来球的方向侧倾，同侧腿向侧面或侧前方迈出小半步，随即快速蹬地发力，身体在空中展腹。双手快速伸出，用"W"形手法将球接住。以球为支撑做缓冲，落地时，肘关节外侧、肩膀外侧、上体、臀部、腿部外侧依次着地，并迅速团身或侧滚翻。

图5-7 扑平高球技术

（四）脚踢球技术

在沙滩足球比赛中，守门员不仅可以接同伴的回传球，还肩负着参与进攻的重要职责，因此脚传球技术成为其组织进攻和发动进攻的核心能力之一。比赛中，守门员经常通过将球从沙地上挑起，利用单侧大腿正面连续颠球推进至对方半场，随后使用脚背正面射门或脚内侧、脚背外侧完成精准的空中传球。这种结合挑球、颠球与射门或传球的技术组合，在进攻中极具效率。高水平守门员常借此取得进球或助攻。因此，掌握挑球传球、大腿颠球后传球、挑球颠球后脚内侧传球、挑球颠球后脚背外侧传球以及挑球射门等技术，是沙滩足球守门员不可或缺的能力，也是其从防守者转变为进攻发起者的关键。

1. **挑球传球**（见图5-8）

动作要领：首先，身体需正对传球方向，支撑脚站稳于球侧方，前脚掌将足球向斜下方踩压，借助向下的惯性使脚背紧贴足球下方，此时球的前方会自然形成一个小沙堆。接着，支撑脚降低重心，触球脚通过抖动脚腕并勾起脚尖，利用惯性将球向上方挑起。在整个过程中，保持身体平衡至关重要，随后在空中迅速用脚内侧或脚背正面完成精准传球。

图 5-8 挑球传球

2. 大腿颠球（见图 5-9）

动作要领：运用挑球技术将球挑起至身前大腿高度。在颠球过程中，支撑腿屈膝以稳定身体重心；颠球腿则屈膝抬至大腿接近水平位置，用大腿前部击球的正下方，使球向上弹起。通过单腿连续击球并向前移动，保持身体平衡的同时，注意时间限制，同时抬头观察场上局势，一旦出现机会，迅速做出判断，选择射门或传球，将进攻威胁转化为实际得分或助攻。

图 5-9 大腿颠球

3. 脚内侧传球（见图 5-10）

动作要领：将球挑起后，通过连续的大腿颠球实现向前推进。颠球时，需保持身体姿态稳定，控制好重心，注意时间限制，同时抬头观察前方局势。当发现合适的传球机会时，踢球腿要迅速抬起大腿并提膝外展，待球运行至体前合适位置时，大腿带动小腿由后向前摆动，脚内侧对准出球方向，同时保持踝关节锁紧，用脚内侧击球的中部或中下部位，完成传球。

图 5-10　脚内侧传球

4. 脚背外侧传球（见图 5-11）

动作要领：将球挑起后，运用大腿连续颠球向前推进。颠球时，需保持身体姿态稳定，控制好重心，同时注意时间限制。当球运行至体前合适位置时，击球脚迅速提膝，小腿先向后摆动蓄力，随后快速向前摆动，同时保持脚背绷直。以右脚为例，向右侧传球时，用脚背外侧触击球的左后侧完成传球。

图 5-11 脚背外侧传球

5. 挑球射门（见图 5-12）

动作要领：身体正对球门方向，运用挑球技术将球向身前一步的位置挑起，以便更好地蓄力和摆腿。支撑脚向前跨步支撑，同时判断球的运行轨迹，支撑腿屈膝以稳定身体重心，脚尖指向球门方向。击球腿由大腿带动小腿，从后向前朝球门方向水平摆动，以脚背正面击打球的中部。击球瞬间，身体重心向前跟进，保持平衡，击球后重心继续随动作前移，确保力量充分传递并保持动作的连贯性。

图 5-12 挑球射门

第二节 沙滩足球守门员训练方法

一、抛球技术训练方法

（一）守门员高手抛球技术训练（见图 5-13）

1. 组织方法

教练员发球后，守门员在松软的沙滩上快速接球并迅速跑至禁区顶部，以高手掷球的方式完成远距离精准传递，将球传给前场接应的前锋。在前场，两名前锋通过跑位与一名防守球员形成二对一的突破局面，此时守门员需快速观察场上局势，根据前锋跑位预判路线，将球精准抛给无人盯防的接应点。

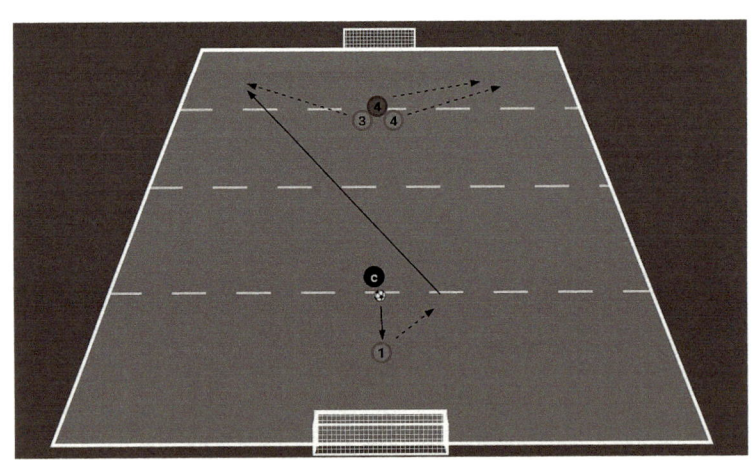

图 5-13 守门员高手抛球技术训练

2. 指导要点

（1）精准抛球：根据队友的位置与防守距离，将球精准抛向其脚下、大腿或胸部。

(2) 控制球速：采用平快球传递方式，避免高抛导致球反弹。

(3) 把握时机：快速观察局势，果断决策后及时出球。

（二）守门员低手抛球技术训练（见图 5-14）

1. 组织方法

三名守门员参与练习，其中深色队和浅色队守门员各持一球。深色队守门员首先采用低手抛球方式，将球传给位于自己右侧的白色队守门员，随后迅速接应浅色队守门员的传球。接到浅色队传球后，深色队守门员继续以低手抛球方式将球传给浅色队守门员，紧接着接白色队守门员的回传球，继续以低手抛球的形式在白色队和浅色队之间循环练习。训练中，可以尝试移动（如横向滑步或纵向折返），在动态中完成抛接球，以增加训练难度。

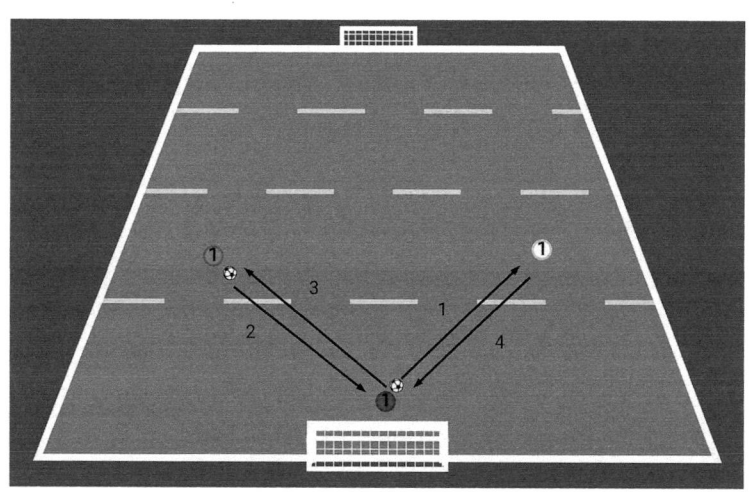

图 5-14 守门员低手抛球技术训练

2. 指导要点

（1）精准抛球：提前预判队友跑位，将球精准抛向队友的脚下、大腿或胸部。

（2）脚下移动：注意接球与抛球的脚步移动衔接，保持身体平衡并沟通呼应。

（3）把握时机：快速观察场上局势，果断决策后及时出球，避免延误时机。

(三) 守门员抛球实战 (见图 5-15)

1. 组织方法

将球员分为两组，每组包含四名进攻球员、三名防守球员、两名守门员，进行"四攻三守+两守门员"的对抗练习。进攻组与防守组分别在各自半场活动，不得越界：进攻组与本方守门员形成3V2传控局面，而前锋则在对方半场创造2V1的进攻机会。守门员需根据防守距离与前锋跑位，灵活运用高手抛球（远距离）或低手抛球（近距离）技术将球传给同伴形成射门得分。每组连续进行3～5次进攻后交换攻防角色，练习后期可以过渡到4V4均等人数模式，通过增加防守压力压缩抛球空间，进一步提升守门员抛球的精准度与决策速度。

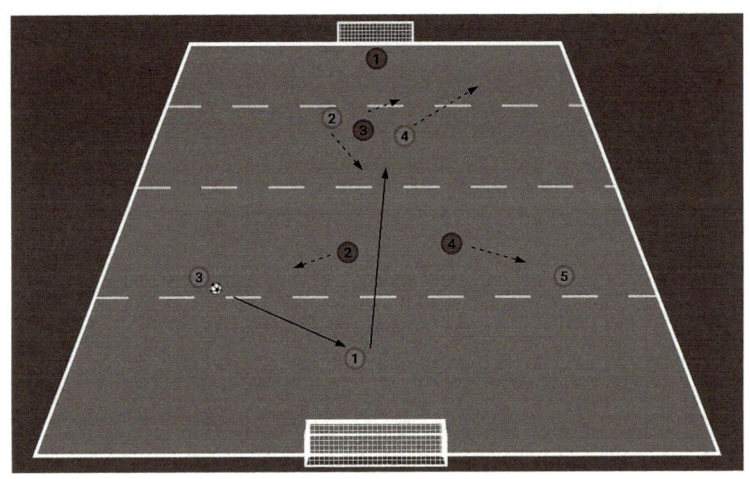

图 5-15 守门员掷球实战训练

2. 指导要点

（1）提前观察：在接球前快速扫描全场，识别无人盯防的队友。

（2）精准抛球：根据队友跑位与防守位置，将球精准抛向队友的脚下、大腿或胸部抛球。

（3）控制力量与方向：通过手腕/手臂力量调节，确保抛球平稳且轨迹可控,避免高抛导致球反弹。

(4) 把握时机:捕捉防守空当,果断选择最佳出球时机,避免被防守球员截断。

二、接踢球技术训练方法

(一) 守门员接球技术训练(见图 5-16)

1. 组织方法

球员三人一组,一名守门员、两名边路球员进行接控球训练:守门员初始位于中路,先向左侧移动,接边路球员 2 的传球后,用脚内侧接控球后直接斜传转移,或通过挑球调整节奏后传至边路球员 3 的跑动路线。随后,守门员向右横向靠近球员 3,接其回传球后再次向边路球员 2 方向转移,在两名边路球员之间往循环练习。在训练中,可选择用脚传球或手抛球转移,逐步增加传球距离,并加入边路球员前插后的长距离斜传,模拟比赛中的攻防转换场景,以提升训练的实战性。

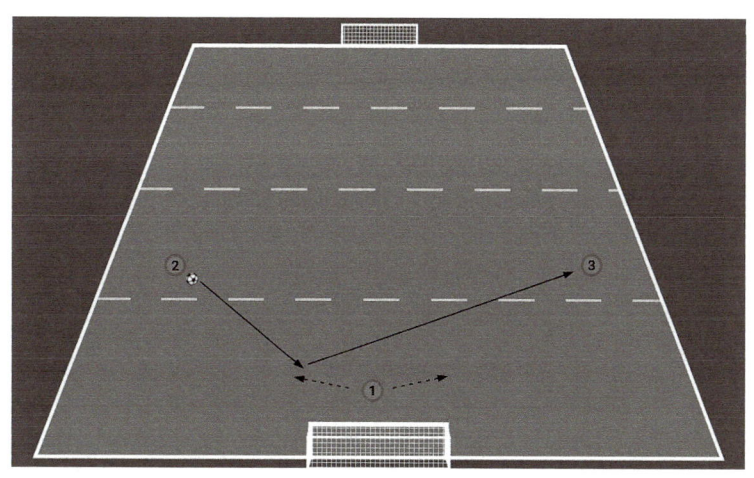

图 5-16 守门员接球技术训练

2. 指导要点

(1) 准确预判：在球飞行过程中判断其运行路线，提前移动抢占球的第一落点。

(2) 脚下移动：接球前快速调整步伐，保持身体面向出球方向与平衡。

(3) 抬头观察：随时观察场上队友的位置、防守分布及进攻空间，以便做出合理决策。

(4) 技术准确：确保接球、传球等技术动作的规范准确性与合理性。

（二）守门员传球与射门技术训练（见图5-17）

1. 组织方法

守门员先将球挑起，用脚内侧传球至左路的浅色球员1，随后接球员1的回传球。接球后，守门员挑球并用脚背外侧将球横传至右边路的浅色球员2，再接球员2的回传球。接着，守门员挑球并连续大腿颠球向前，传至左侧9米进攻线附近的浅色球员3。接球员3回传球后，守门员再次大腿颠球并用脚背外侧传球至浅色球员4。这两次传球需落点精准，尽量传至接球球员的胸部位置。最后，守门员接球员4的回传球，将球挑起并通过连续大腿颠球，调整身体重心后完成脚背正面凌空射门。

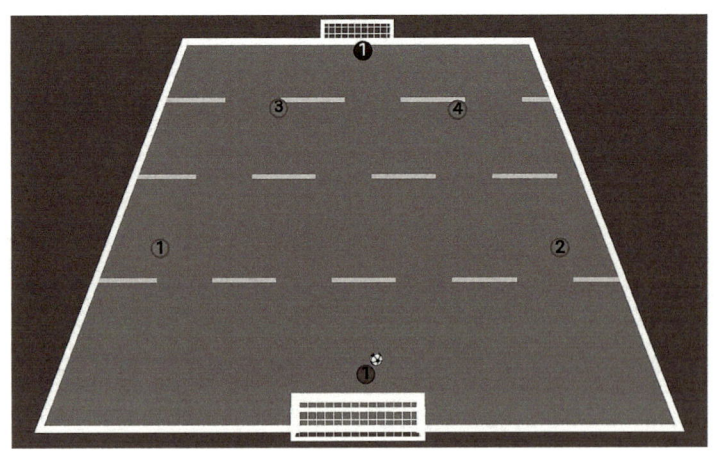

图5-17 守门员传球与射门技术训练

2. 指导要点

（1）传球准确性：根据队友跑位与防守压力，精准控制传球轨迹，确保落点到队友脚下或身前空当。

（2）支撑脚站位：膝盖微屈，注意支撑脚与球的距离。射门时，注意支撑脚向前跨步支撑的位置，保持身体平衡。

（3）触球部位：根据射门方式（如脚背抽射、脚内侧推射），选择准确触球部位（脚背、脚内侧等），确保发力方向与目标一致。

（三）守门员传球与射门技能训练（见图 5-18）

1. 组织方法

在"2V1+2GK"的转移射门训练中，进攻方（含守门员）于后场形成 3V1 的人数优势。守门员通过将球转移给同侧或另一侧队友吸引防守球员，随后接队友回传球，可运用挑球、颠球调整技术衔接完成射门，或直接选择挑球射门。

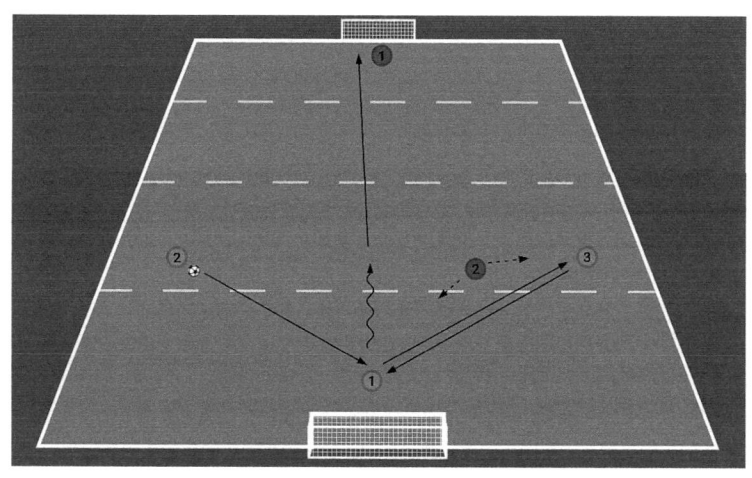

图 5-18 守门员传球与射门技能训练

2. 指导要点

（1）脚下移动与观察：在无球状态下保持灵活移动，提前观察场上局势。

（2）挑球时机与距离：根据防守节奏掌握挑球时机，注意与防守球员保持合理距离。

（3）射门技术控制：控制支撑脚与球的距离和方向，选择脚背或脚内侧触球，确保射门精准。

（4）合理决策：根据对手位置、防守空当及队友跑位，灵活选择射门或传球。

（四）守门员接踢球实战（见图5-19）

1. 组织方法

在"3V3+2GK"对抗练习中，守门员积极前压参与进攻，与本方球员形成4V3的人数优势。守门员需根据场上防守阵型与空间分布的实际情况，灵活选择组织进攻或射门：当防守球员逼抢较紧时，及时将球传给位置更优的队友进行调度；当防守队员不能及时移动封堵射门时，可果断选择挑球射门。

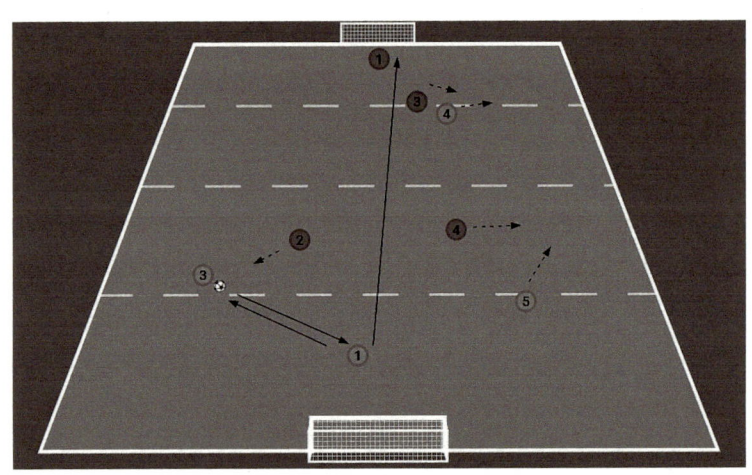

图5-19　守门员接踢球实战

2. 指导要点

（1）脚下移动与观察：在无球状态下保持灵活移动，提前观察场上局势。

（2）挑球时机与距离：根据防守节奏掌握挑球时机，注意与防守球员保持合理距离。

（3）射门技术控制：精准调整支撑脚与球的距离和方向，选择脚背或脚内侧等触球部位，确保射门精准。

（4）合理决策：根据对手位置、防守空当及队友跑位，可灵活选择射门或传球。

（5）交流与指挥：加强与队友实时沟通，及时指挥队友跑位或协防。

第六章

沙滩足球体能训练

第一节　沙滩足球体能训练概述

中国男子沙滩足球队前主教练、沙滩足球传奇人物拉米罗·阿马雷利（Ramiro Amarelle）指出，这项运动的组织水平和球员身体素质近年来得到了显著提升。他强调，在当今的比赛中，如果没有出色的体能储备，球员将很难在国际顶尖级别赛事中竞争。他认为，一般体能训练、专项体能训练、伤病预防、良好习惯的养成、恢复策略、营养补充以及水分管理，都是推动这项运动发展并提升现代球员综合素质的关键领域。如今的球员技术更加娴熟，比赛表现也更加全面。随着参赛机会的增加，球员能够参与更多比赛，从而获得更广阔的发展空间。职业球员通常每周训练 5～6 次，每年参加 60～70 场比赛。这些球员从专业的体能训练建议、体能教练的指导、个性化的训练计划以及技术训练中受益匪浅，从而在竞技水平上不断突破。

一、沙滩足球体能训练的概念

体能，即身体能力，作为人体形态结构和各器官系统机能的综合体现，是个体适应运动训练、比赛活动及日常生活的能力基础。体能训练旨在系统发展与专项运动密切相关的力量、速度、耐力、柔韧性和灵敏性五大素质。这些基本素质不仅是技术训练、战术训练与心理训练的基础，更是确保运动员能够承受高强度训练，应对激烈比赛，以及保障运动生涯可持续发展的核心要素。

沙滩足球是一项融合了速度、技巧、耐力与力量的综合性竞技运动。由于比赛场地为松软的沙滩，运动员不仅需要具备高超的足球技术水平，还必须拥有卓越的体能素质。沙滩足球比赛节奏快、攻守转换频繁、对抗强度高，球员在比赛中长期处于高心率状态，因此对心肺功能和高强度短间歇耐力提出了更高要求。此外，为了降低运动损伤风险，损伤防护师需特别关注球员的损伤史，并重点加强下肢力量与核心稳定性的训练。沙滩足球的独特环境使其体能训练更具挑战性，运动员需要通过针对性的训练方法全面提升综合体能，以应对比赛中复杂多变的需求。

二、沙滩足球体能训练的特点

沙滩足球的场地特点决定了比赛节奏快、对抗激烈，要求运动员具备出色的控球能力、瞬时爆发力以及快速反应能力等。与传统11人制足球相比，沙滩足球虽然比赛时间较短，但由于其攻防转换节奏极快、对抗强度更高，导致运动员体能消耗大。这种特性使得沙滩足球的体能训练呈现以下显著特点：

1. 高强度比赛节奏下的能量代谢要求

沙滩足球比赛中，球员需在短时间内频繁完成快速启动、急停变向等高爆发动作。此类运动模式高度依赖 ATP－CP 供能系统和无氧糖酵解系统，要求运动员需具备高强度短间歇耐力和卓越的心肺功能。

2. 沙滩环境下的特殊体能挑战

沙滩表面的松软特性使运动员跑动时能量消耗增加，对体能训练要求较高：力量强化，下肢肌肉需产生更大蹬伸力量，克服沙地阻力，建议采用负重跳箱、沙地阻力跑等训练；协调性与灵活性，不平整的沙地迫使运动员频繁调整步幅与重心，需通过敏捷梯步法训练、单腿平衡控球等提升本体感觉；关节稳定性，沙地对踝关节、膝关节冲击增大，需针对性强化小腿三头肌、股四头肌，有效降低扭伤风险。

3. 高温气候下的热适应训练

沙滩足球多在热带地区或夏季进行，环境温度常超过30℃，相对湿度可达70%以上，容易引发体温调节失衡与脱水。因此，训练需聚焦耐热能力培养、水分与电解质管理和降温技术应用三个方面。

（1）耐热能力培养：运动员需要通过渐进式高温暴露训练，提升身体热吸附水平。

（2）水分与电解质管理：在沙滩足球比赛中，每小时出汗量可达 1.5～2.5L，需采用"少量多次"补水策略（每 15 分钟可补充 200～300mL 含电解质饮料）。

（3）降温技术应用：训练后，使用冷水浴（15～18℃）、冰背心等手段，加速核心体温下降，缩短恢复时间。

4. 全位置爆发力的普适性需求

无论是场上球员还是守门员，爆发力均为竞技表现的核心驱动要素：

（1）场上球员：需通过沙地深蹲跳、药球抛投等训练提升射门力量与抢点跳跃高度。

（2）守门员：依赖短距离冲刺反应、侧向跳跃扑救等爆发力动作，建议采用反应球训练、侧向跳栏等专项训练方式。

综上所述，沙滩足球体能训练需围绕能量代谢、沙地适应、热环境调节、爆发力开发四大核心，通过科学的周期化训练方案，帮助运动员突破体能瓶颈，在高强度、快节奏的比赛中保持技术动作的稳定性与竞技状态的持续性。

三、沙滩足球体能训练重点与基本原则

沙滩足球因沙地的高阻力特性，对运动员的体能提出了特殊要求。其体能训练核心要素按优先级排序为：耐力、爆发力、速度、力量、协调性。这些要素需在季前训练中系统构建，并在赛季中通过周期性训练持续强化。

1. 耐力：体能基础与恢复核心

耐力是指身体在沙地环境中长时间持续运动的能力，是沙滩足球运动员体能训练的核心要素之一。通过耐力训练，不仅可以增强心血管健康、免疫系统，提高整体健康水平，还能有效降低受伤风险并加速恢复进程。良好的耐力为速度和爆发力训练奠定了坚实的基础，是提升综合运动表现的关键。综合耐力训练通常包括专门设计的耐力练习，同时融入技术和战术元素，以提高训练的实战性和效率。在耐力训练过程中，运动员的心率应保持每分钟 130～160 次，以确保训练效果的最大化。

2. 爆发力：沙地运动的能量引擎

爆发力是速度与力量的瞬时结合能力，能够在最短时间内释放最大能量，是沙滩足球运动员不可或缺的核心能力。由于沙地的松软特性，跳跃、变向和射门等动作相比草地或其他坚硬地面需要消耗更多能量，因此爆发力的重要性尤为突出。为了高效提升爆发力，训练前需充分热身，随后进行快速且具有爆发性的动作练习，负荷控制在80%～90%最大速度与力量。训练中，每组动作重复三次，间歇一分钟，确保心率不会显著上升；每次训练安排1～3组，组间歇3～5分钟。团队训练时，分组轮换训练（每组5人交替完成抛射训练），通过竞争与辅助提升训练强度。

3. 速度：攻防转换的决胜因子

速度是沙滩足球运动员的关键能力之一，可分为反应速度、启动速度和跑动速度三类。反应速度是指球员对刺激（如声音信号或视觉提示）做出快速反应的能力；启动速度通过前5～7米的速度记录来衡量，体现运动员从静止到加速的能力；而跑动速度则是指在前5～7米之后保持高速运动的能力，通常测试距离最长可达20米。在速度训练中，需在进入主要训练部分前充分热身，确保身体处于最佳状态。每次训练重复后需完全恢复，以保证以最大速度完成动作；同时，每次重复后心率会显著上升。基本速度训练通常在没有球的情况下进行，以专注于纯粹的速度提升；而个人练习则可结合球进行，例如带球冲刺或射门等，以更好地模拟比赛场景并提升实战能力。

4. 力量：对抗与稳定的基石

力量训练能够帮助运动员塑造肌肉，这同时也有利于运动员保持良好的身体形态，防止伤病的发生。因此，力量训练也是避免伤病的重要要素之一。力量训练对沙滩足球运动员至关重要。它能增强爆发力，以及快速启动、变向和射门能力；提高对抗能力，使球员在争抢球权时更具优势；改善动作稳定性，帮助在沙地上保持平衡；降低受伤风险，强化肌肉和关节；改善耐力表现，延长高强度运动时间，并帮助适应沙地阻力，优化移动效率。总之，力量训练能全面改善比赛表现，同时促进快速恢复，减少疲劳积累。

5. 协调性：技术精准度的保障

提高协调性对沙滩足球运动员至关重要。它能改善技术表现，使传球、控球和射门更加精准；增强动作效率，减少能量消耗；降低受伤风险，帮助保持平衡；提高敏捷性和反应速度，适应快速比赛节奏；增强核心稳定性，为动作提供支撑，并帮助适应沙地环境，提升移动效率。总之，协调性训练能全面提升比赛表现，同时降低运动损伤风险。

第二节 沙滩足球运动员的体能训练方法

一、结合球速度耐力训练方法

1. 组织方法

如图 6-1 所示，球员两人一组，每组配备一球，在指定区域内进行折返跑结合传球的训练。每组完成折返 8~10 次，共进行 4~6 组，组间间歇根据心率情况适当调整。通过本训练，既能提升球员的速度与耐力，又能强化传球的精准度和团队的配合能力。

2. 指导要点

（1）跑动强度：要求球员以最大速度完成折返跑。

（2）间歇标准：组间休息至心率下降至每分钟 120 次以下，再开始下一组练习，避免影响训练质量。

（3）传接球技术规范：传球可采用挑球、挑球结合传球（如脚内侧、脚背正面）等。

（4）呼吸节奏：建议采用"两步一吸、两步一呼"的节奏，可避免因呼吸紊乱导致耐力下降。

3. 可变化点

（1）传球技术多样化：增加回传空中球、大腿停球接传球等技术，强化不同部位的触球能力；引入头球或胸部停球后的传球练习，旨在提升球员在复杂场景下的传接球稳定性。

（2）负荷参数调整：可根据球员水平调整折返距离或传球难度（规定"一脚出球"或"最多两触"），进一步提升处理球的效率。

（3）竞争与趣味设计。计时挑战：每组都设定了完成时间，达标则减少下一组负荷，未达标则增加 1 次折返；积分对抗：以组为单位统计传球成功率，累计积分可兑换奖励，激发团队协作意识。

（4）场景模拟训练。加入防守压力：由教练或第三人进行干扰，模拟实战中对抗下的传球；设定攻防转换：规定每次折返后需完成快速回防动作（如侧滑步退防等），以强化耐力与敏捷的转换能力。

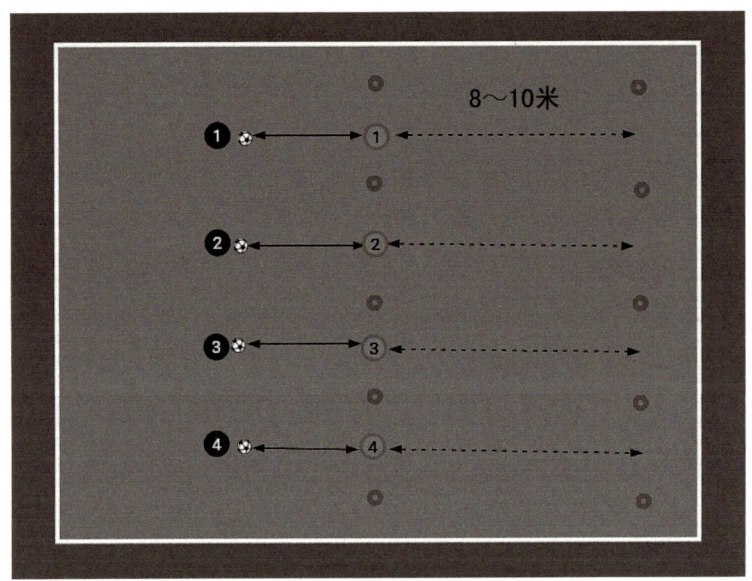

图 6-1　结合球速度耐力训练

二、结合球爆发力训练方法

1. 组织方法

如图 6-2 所示，将球员分为单人或两人一组（需配合抛球），将场地划分 3 个训练站，配备标志桶、球门、实心球等器材。3 个训练站为 1 个循环，3 个循环为 1 组，完成 3 组。

第一站（下肢爆发式与头球衔接）：屈膝跳激活。双腿并拢半蹲，连续完成 6 次垂直跳跃，落地时前脚掌缓冲，保持身体重心的稳定性。头部技术：同伴手抛球，球员需完成跳起头顶球的动作。

第二站（折返冲刺与射门整合）：进行 4 次折返跑，每次折返后完成一次射门。

第三站（直线加速爆发力）：从起点出发，进行 20 米全速冲刺。

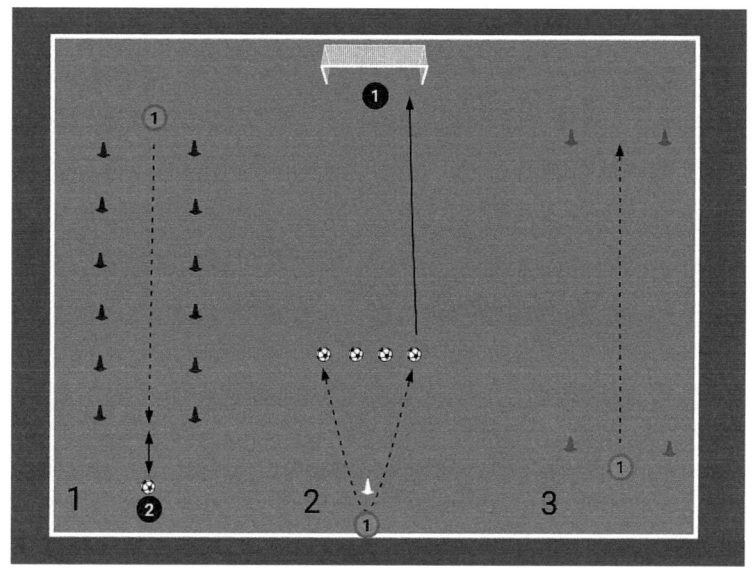

图 6-2　结合球爆发力训练

2. 指导要点

（1）动作质量与强度控制：球员需保持高度专注，确保每个动作的准确性和完成质量；所有动作应全速完成，以达到训练强度最大化。

（2）负荷与恢复管理：此练习负荷时间短、强度大，每站动作间的间歇 30 秒，每循环间歇待心率完全恢复（建议恢复至 120 次/分钟左右）后，再开始下一组练习，以确保训练效果并避免过度疲劳。

3. 可变化点

（1）增加屈膝跳的高度，以提升下肢爆发力和核心控制能力。

（2）调整射门和冲刺的距离（或折返），例如延长射门距离或增加冲刺长度，以适应不同训练目标。

（3）改变头顶球的方式，如增加空中胸部停球、脚内侧接球两次或三次控球回传等动作，增加训练的多样性。

（4）引入计时或竞赛机制，既能激发球员的积极性，也能培养竞争意识。

三、结合球速度训练方法

1. 组织方法

如图6-3所示，将球员分为两组，分别站在发球守门员两侧。开始前，两侧球员进行原地小步跑，守门员喊出指令（如"蓝色"），球员需先踩向指定颜色的圈，再绕过标志杆向前冲刺。此时，守门员低手抛球，两侧球员全速向球冲刺，率先获得球权的球员完成射门。5次射门为一组练习，共完成三组。

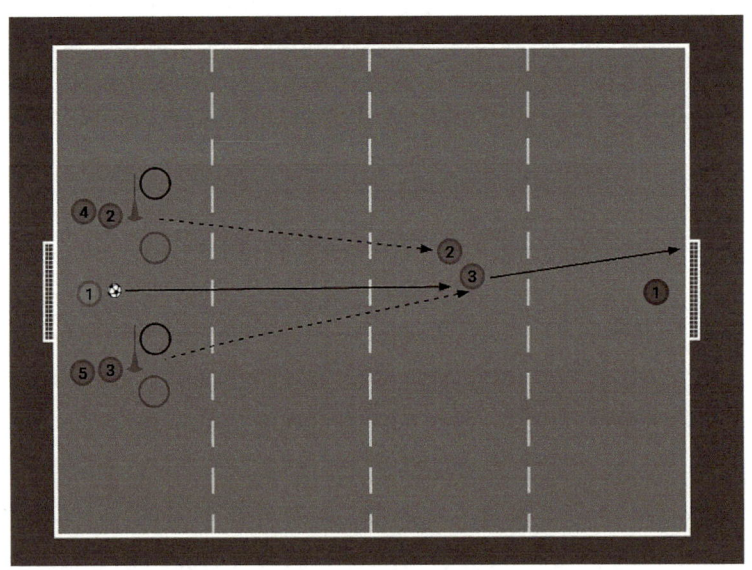

图6-3　结合球速度训练

2. 指导要点

（1）注重球员的快速反应能力，确保听到指令后迅速做出正确动作。

（2）跑动和射门均需以最大速度完成，强调启动速度、反应速度和爆发力。

（3）每次射门后间歇 60～90 秒，组间歇 5 分钟，确保心率恢复至适宜水平后再继续下一组训练。

3. 可变化点

（1）以比赛形式累计得分，激发球员的竞争意识和积极性。

（2）改变指令内容或增加指令复杂度，如结合颜色和数字指令，提高训练难度。

（3）调整抛球方式，如改为高空球或反弹球，增加接球和射门的挑战性。

四、结合球协调灵敏训练方法（见图 6－4）

1. 组织方法

第一站（传球与标志碟组合灵敏跑）：将球员分为 A、B 两组，相对站立。A 组球员 1 传球后，进行标志碟的步伐频率练习，随后跳过小栏架并完成左右绕杆灵敏跑，最后排到另一组队尾。球员 4 接球后重复上述动作，循环进行。

第二站（多维跳跃与空中球处理）：球员分为单循环一组，球员 2 按照"前—左—中—右—左—后—前"的顺序，依次跳过栏架，随后接球员 3 的手抛球，用脚内侧踢空中球回传。球员 3 接球后将球交还给球员 2 并返回起点排队，球员 2 继续下一次抛球，循环练习。重点强调跳跃的协调性、空中球回传的精准度以及动作的连贯性。

第三站：球员 1 进行横向侧滑步、冲刺跑、侧滑步、冲刺跑的步骤绕标志桶，随后快速运球交接给球员 3。球员 3 接球后快速运球至原位并返回起点。

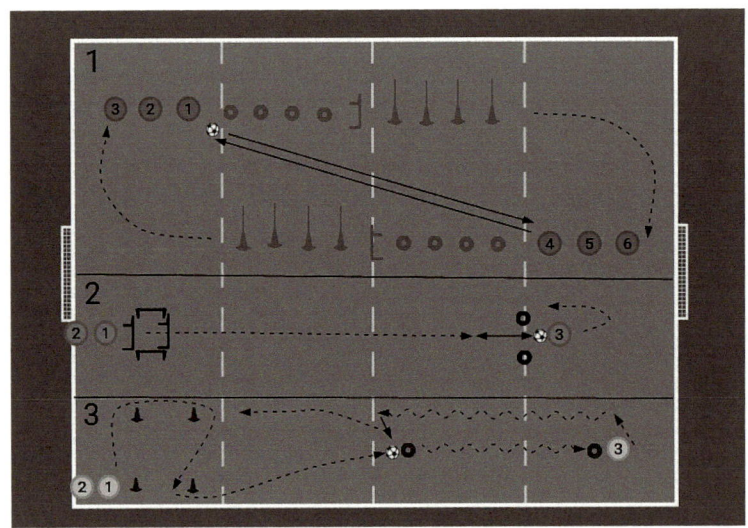

图 6-4　结合球协调灵敏训练

2. 指导要点

（1）球员需保持高度专注，确保动作完成的标准性和快速性。

（2）脚下移动要灵活，注重步伐的速率和身体的协调性。

（3）传球成功率是训练的核心，要求传球精准、接球稳定。

3. 可变化点

（1）跑动姿态：小步跑、侧滑步、后退侧滑步、侧身小步跑等。

（2）传接球或运球方式：脚内侧传球、挑球、挑起传球、运球加传球等。

附录 《沙滩足球竞赛规则》 2021/2022 版本[①]

一、比赛场地

1. 场地表面

场地表面必须由沙子构成且平整。不粗糙且没有石头、贝壳和任何其他可能伤及队员、比赛官员及其他人的物体。

对于国际比赛，沙子必须是细颗粒，且至少 40 厘米深。沙子必须经过筛选，直到适合比赛后才能使用。但沙子不能太细以致粘在身上。

2. 场地标记

比赛场地应为长方形，并用连续的线标记（不允许用断裂的线），如图 1 所示。

两条较长的边界线为边线，两条较短的边界线为球门线，球门柱之间没有线。

场地由场外两面旗子标出的假想中线分为两个半场。

中场开球和中线中点任意球的位置在假想线的中点。

从每个角球区的角向底线和边线 1 米的地方做标记点，帮助裁判员明确角球区位置。

[①] 《沙滩足球竞赛规则》2021/2022 版本，是全球制定和修订沙滩足球规则的唯一决策机构——国际足联在《沙滩足球竞赛规则》2020/2021 版本的基础上修订并发布的。本书为更好地服务于各类沙滩足球工作者，以及喜爱和关心沙滩足球的各界人士，作为学习、掌握和正确运用沙滩足球竞赛规则的规范参考，对该规则的主要内容进行引用。参见 https://www.thecfa.cn/shatanzuqiu/index.html。

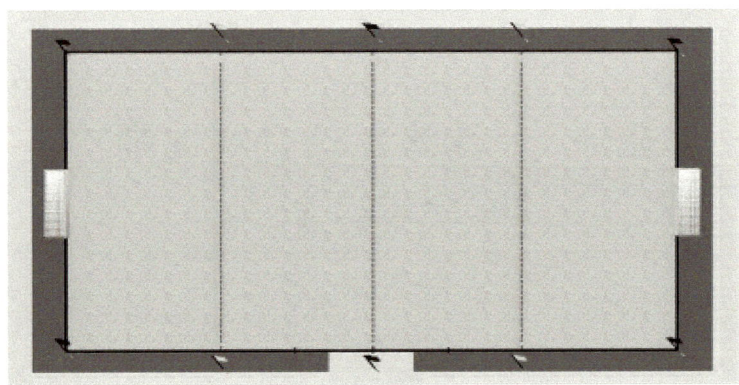

图1 比赛场地

距离角球弧5米、在球门线和边线上做一个标记，以保证在踢角球时防守队员能退出规定的距离（5米）。

替补区域在中线左右各2.5米处。球队的替补席设置在边线后，且必须保持替补区域的空旷。

在替补席的另一端，距中线左右各5米处做标记点，以保证开球时防守队员能退出规定距离。

距球门线9米在边线上做标记点，以帮助裁判员明确罚球区。

所有线的宽度是10厘米，由彩色胶带（最好蓝色）制成，以便与沙子明显区分。胶带应有弹性且坚固，不会伤及运动员的脚。这些线用特殊的角落连接物和沙锚固定在场地的每个角及边线上，用橡皮圈固定在球门柱上。

3. 场地尺寸

长度（边线）：35～37米。

宽度（球门线）：26～28米。

竞赛规程在上述范围内确定球门线和边线的长度，如图2所示。

尺寸测量均以标线或想象中标线的外侧为标准，因为标线属于其所标示区域的一部分。

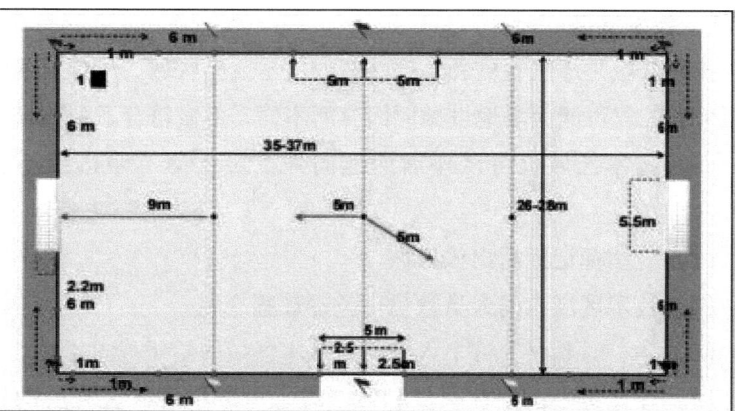

图 2　场地规格

4．罚球区

罚球区在场地的两端，每边靠近边线外黄色的旗杆之间有假想的连线，平行于球门线并在场内距球门线 9 米与边线相连。

以罚球区线上与两球门柱等距处即中点作为假想的罚球点。

5．替换区

替换区在计时员桌前的边线上。

替补区域 5 米长度，假想中线左右各 2.5 米处的边线上。

球队替补席位在边线后面有一个替补区域。

替补区域在计时员桌前，假想中线左右各 2.5 米处，且必须保持替换区域的空旷。

6．角球区

在比赛场地内每个角，以 1 米为半径假想四分之一圆为角球区。

7．旗杆

在比赛场地内每个角，以 1 米为半径假想四分之一圆为角球区。在场地四周设置不低于 1.5 米的平顶旗杆，必须放置如下所示。

总共使用 10 个旗子，其内容如下：在场地的每个角上放置一个红旗杆；在假想中线的两端都有一个红色旗杆，安全固定在边线外 1～1.5 米的距离；假想罚球区线的两端各有一个黄色旗杆，安全固定在边线外 1～1.5 米的距离。

8. 技术区域

技术区域是球队官员和替补队员的指定就坐区域。尽管技术区域的尺寸和位置可能因场地设施原因有所不同,但应符合下列要求:

(1) 技术区域仅可从座席两侧向外扩展 1 米,距边线不少于 1 米。

(2) 应用标记标示出该区域。

(3) 技术区域内的人员数量由竞赛规程规定。

(4) 同一时刻仅允许 1 人站立,从本区域内给予战术指导。

(5) 在比赛中,替补队员和体能教练可以在技术区域后的指定区域内热身。如果没有指定区域,则在不妨碍场上队员和裁判员移动且举止适当的前提下,可以在边线附近热身。

9. 球门

球门由两根距场地边角等距的直立球门柱和一根连接球门柱顶部的水平横梁组成。球门柱和横梁应由适宜的材料制成。其形状应为方形(具有圆形棱边以保护队员安全)或圆形,且对队员不具有危险性。

两球门柱内侧距离为 5.5 米,横梁下沿至地面的距离为 2.2 米。

球门柱与横梁应具有相同的宽度和深度,与球门线等宽,为 10 厘米。球网应由适宜的材料制成,系在球门柱和横梁的后方,并且必须适当撑开,不干扰守门员。

球门柱和横梁的颜色最好为黄色。球门必须牢固在地面。

二、比赛用球

1. 质量及测量

球应是球形,由合适的材料制成,周长为 68～70 厘米,重量为 400～440 克,气压为 0.4～0.6 个海平面标准大气压(400～600 克/平方厘米)。

在国际足联或洲际联合会主办的正式赛事中,所有使用的比赛用球应符合要求,并印有国际足联足球质量规范的标志之一。

这些标志表明该球已通过官方测试,符合与标志相对应的具体技术规定，这些标志是对第二章最低要求的补充，并应得到国际足联的批准。

2. 球体广告

在由国际足联、洲际联合会或国家足球协会主办的正式比赛中，除赛事标志和图案、赛事组织方和授权制造商商标外，任何形式的商业广告均不允许出现在比赛用球上。竞赛规程可限定这些标识的大小和数量。

3. 破损的更换

如果比赛进行中球出现破损，则停止比赛，在球破损的位置用新球坠球方式恢复比赛。唯一的例外是，当球击中球门柱或横梁后破损并直接进门应判进球有效。

如果球在开球、掷球门球、角球、任意球、罚球点球或踢、掷界外球时破损，则重新执行恢复比赛的方式。

如果在罚球点球或罚球点球决胜期间，在球被踢并向前移动后，触及、横梁或球门柱前出现破损，则重罚罚球点球。

三、队员

1. 场上队员人数

一场比赛由两队参加，每队最多可有 5 名场上队员，其中 1 名必须为守门员。如果任何一队场上队员人数少于 3 人，则比赛不得开始或继续。

如果两支球队的球员都少于 3 名，比赛可能无法开始，但比赛所需的最低球员数量（包括替补球员），由各国足协自行决定。

如果某队因 1 名或多名场上队员故意离开比赛场地，导致队员人数少于 3 人，裁判员可掌握有利原则，不必停止比赛。但若比赛停止后该队人数仍不足 3 人，则比赛不能继续。

如果竞赛规程规定，在比赛开始前必须提交所有场上队员和替补队员名单，而某队在不足 5 名场上队员的情况下开始比赛，则只有在提交名单内的场上队员和替补队员可在到达赛场后参加比赛。

2. 替换次数和替补队员人数

在一场比赛中的替换次数不限。

正式赛事：国际足联、洲际联合会或会员协会组织的正式赛事比赛中，最多可使用7名替补队员。竞赛规程应明确可提名的替补队员人数。

其他赛事：在非官方国家队A级比赛中，最多可使用10名替补队员。

3. 提交场上队员和替补队员名单

所有比赛均需在开始前应向裁判员提交场上队员和替补队员名单，无论队员是否在场。任何未在此时向裁判员提名的场上队员或替补队员，不得参加比赛。

4. 替换程序

无论比赛进行中还是停止时，均可以在任何时刻进行替换。替补队员替换场上队员应遵循下列程序：

（1）被替换下场的场上队员从换人区离场，除非沙滩足球规则另有提及。

（2）被替换下场的场上队员离场无需经裁判员同意。

（3）替补队员进入场地无需经裁判员同意。

（4）只有当被替换下场的场上队员离开场地，替补队员才能进入场地。

（5）替补队员从换人区进入场地。

（6）当替补队员用手将背心递交给被替换的场上队员后，经由换人区完全进入比赛场地时，替换程序完成，除非被替换的场上队员依据规则提到的其他任何原因从另外的区域离场，此时替补队员应将背心用手递交给第三裁判员。

（7）从此刻起，替补队员成为场上队员，被替换的场上队员成为替补队员。

（8）在特定情况下，替换请求可以被拒绝，例如替补队员装备不整。

（9）替补队员未完成替换程序前，不得踢、掷界外球、踢罚球点球、任意球、角球或掷球门球来恢复比赛，或参与坠球。

（10）被替换下场的队员可以再次参加比赛。

（11）所有替补队员，无论是否上场参与比赛，裁判员均可对其行使职权。

（12）如果一节比赛因罚球、点球或任意球而延长时间，只有当防守队的守门员或被犯规的球员因受伤无法罚球时，才允许替换。

5．热身

同一时刻每队最多被允许有 5 名替补队员进行热身。

6．更换守门员

（1）任何替补队员都可以替换守门员，无需通知裁判员或等比赛停止。

（2）任何场上队员都可以和守门员互换位置，但是应在比赛停止时通知裁判员后进行。

（3）场上队员或替补队员替换守门员，应穿着背部印有自己球衣号码的守门员上衣。竞赛规程可以明确要求"超人"守门员应穿着与守门员上衣颜色完全一致的服装。

7．违规与处罚

如果替补队员在被替换的场上队员离场之前进入场地，或在替换过程中替补队员从换人区以外的地方进入场地：裁判员停止比赛（如果可以掌握有利原则，则不必立即停止）；裁判员对违反替换程序进入场地的替补队员进行警告，并令其离场。

如果裁判员停止比赛，由对方罚任意球恢复比赛，执行地点：如果球在对方半场，则在停止比赛时球所在位置；如果球在犯规方半场，则在中线中点。

如果该替补队员或所在球队有另一违规行为，则依据沙滩足球竞赛规则及裁判员的其他相关诠释恢复比赛。

如果球出界，比赛将按照沙滩足球规则重新开始。

如果在替换过程中，被替换的场上队员未经换人区离场且不满足规则中的特殊理由，裁判员应停止比赛（如果可以掌握有利原则，则不必立即停止），以违反替换程序离场警告该队员。

如果裁判员停止比赛，由对方罚任意球恢复比赛，执行地点如下：如果球在对方半场，则在停止比赛时球所在位置；如果球在犯规方半场，则在中线中点。

8. 场上队员和替补队员被罚令出场

场上队员被罚令出场：在球队名单提交前，不得以任何身份列入球队名单内；在提交球队名单后且比赛开始前，可由被提名的替补队员替换，替补队员名单不得增补。

被提名的替补队员在比赛开始前或开始后被罚令出场，替补队员名单均不得增补。

比赛开始后一名场上队员被罚令出场，在该队员被罚令出场的2分钟比赛时间后（该队经历2分钟的减员），经计时员或第三裁判员允许，一名替补队员可以进入比赛场地代替被罚令出场的队员。如果在2分钟内有进球发生，则应适用以下条款：

（1）如果双方队员人数是5对4或4对3，且人数较多的一方进球，则人数较少的一方可以增加1人。

（2）如果双方队员人数均为3人或4人，且出现进球，则双方人数均不增加，直到各自经历2分钟减员。

（3）如果双方队员人数是5对3，且人数较多一队进球，则人数较少一队只能增加1人。

（4）如果人数较少的一队进球，那么该队人数不变，直到2分钟结束，除非在此期间人数较多一队进球。

如果一名球员已经被第二次警告，随后该球员的球队进球，违规球员因为被第二次警告，并被罚下，掌握有利球场上的球员人数不应在进球前犯规而减少；替补球员替换被罚下的球员。然而，如果进攻停止或干扰了一次有希望的进攻，则该队员不应该得到第二次警告。

如果球员在各节比赛间歇期被罚令出场，则在加时赛开始前，该违规球队应少上一名球员。

9. 处在场外的队员违规重新进入场地

场上队员需经两名裁判员之一的许可方可返场，但未经许可便这样做，裁判员应：停止比赛（如果该队员没有干扰比赛或比赛官员，或可以掌握有利原则时，可以不立即停止）；以未经允许进入比赛场地警告该队员。

如果该队员违犯另外可警告的犯规，则因两次警告而被罚令出场，例如，该队员未经裁判员允许进场并用鲁莽的方式绊摔对方队员；如果该犯规使用过分力量，则直接罚令出场。

如果裁判员停止比赛，则比赛恢复方式为：

（1）在干扰比赛的地点罚任意球。

（2）如果未干扰，则任意球地点：如果犯规时球在犯规方的对方半场，则在比赛停止时球所在的位置；如果球在犯规方半场，则在中线中点。

场上队员在正常比赛移动中越过边界线/离开比赛场地作为比赛的一部分，不应视为违反规则。

10．允许离场情况

除正常替换外，在下列情况下，未经裁判许可可以离开场地：

（1）队员因比赛移动到场外并立即返回应作为比赛的一部分，例如踢球或带球过对方。然而，为了欺骗对手而在重新入场前故意移动到其中一个球门后面则是不允许的；如果此情况发生，裁判员暂停比赛而不需要掌握有利原则；如果暂停比赛，则需要罚任意球恢复比赛；该队员因未经裁判员允许而离场被警告。

（2）因为受伤，如果一名队员没有被替换，则需要其中一名裁判员同意才可以重新进入场地。如果该队员出血，则必须经裁判员或其他比赛官员检查完全止血后才可重新返回场地。

（3）纠正或恢复他们的装备。如果一名队员没有被替换，在重新入场前裁判员或其中一名比赛官员必须检查其装备，经其中一名裁判员同意后才可重新入场。

11．违规离场的情况

如果一名队员离开场地的行为是沙滩足球竞赛规则不允许的并未经裁判员许可；如果没有掌握有利原则，计时员或第三裁判员用声音信号通知裁判员；如果必须暂停比赛，裁判员则判罚任意球给对方球队。如果掌握，则在接下来停止比赛时，计时员或第三裁判员发出声音信号。该队员因未经裁判员允许而离开场地被警告。

12．球队队长

球队队长并不享有特殊身份或权力，但他对球队的行为需承担一定责任。

13. 茶点

裁判应允许球员在比赛停止时吃点心。不允许向球场上扔出袋子或任何其他含有液体的容器。

四、队员装备

1. 安全性

队员不得使用或佩戴具有危险性的任何装备或其他物件。

禁止佩戴任何类型的珠宝首饰（项链、指环、手镯、耳坠、皮质带、橡胶带等），如有佩戴必须移除。

2. 必要装备

场上队员的必要装备包括如下分离物件：有袖上衣；短裤（守门员可以穿长裤）；短裤不能被卷起来，球员的外观装备要展现专业形象。

不允许穿球鞋。

3. 颜色

（1）比赛两队的着装颜色应有别于对方球队和比赛官员。

（2）每名守门员着装颜色应有别于其他场上队员和比赛官员。

（3）如果双方守门员的上衣颜色相同且无法更换，裁判员允许比赛进行。

上衣紧身内衣应是单色，且与衣袖主色一致，或包含与衣袖完全一致的图案和颜色。

内衬裤/紧身裤应与短裤主色或短裤底部颜色一致，同队场上队员应颜色统一。

竞赛规程可以规定除替补队员外的技术区域内人员穿着与场上队员和比赛官员颜色不同的服装。

4. 其他装备

可允许佩戴不具危险性的保护器具，如软性、轻质材料制成的头罩、面具、护膝和护臂，类似的还包括守门员球帽和运动眼镜等。

脚上允许绑弹性绷带，但不能完全覆盖脚跟或脚趾。

背心应穿在最外边以区分替补队员，被替换下场的球员应穿上背心以完成替换程序。背心的颜色应有别于双方球队上衣颜色和对方背心颜色。

在使用护膝和护臂时，其应与衣袖主色或短裤、长裤主色一致，且不得过分突出。当不能匹配这些颜色时，黑色或白色的护具可以与任何颜色的衣袖/短裤（或长裤，当适用时）一起使用。当护具不能与衣袖/短裤（或长裤）匹配时，所有的护具颜色应统一（黑色或白色）。

5．标语、言论、图像及广告

队员装备不得带有任何政治、宗教性或个人的标语、言论或图像。队员不得展示内衣上带有任何政治、宗教或个人的标语、言论或图像，以及生产商标志以外的广告。任何违反规定的队员和/或球队将受到赛事组织方、国家足球协会或国际足联的处罚。

6．违规与处罚

对于不涉及危险装备的任何违规，比赛不需要被停止，该队员：由裁判员引导离开比赛场地调整装备；除非已经调整好装备，否则需在比赛停止时离开比赛场地。

离开比赛场地调整或更换装备的队员应：在被允许重新进入比赛场地前，由一名比赛官员检查装备；只可在两名裁判员之一允许后重新进入比赛场地。

在这种情况下，未经允许进入比赛场地的队员应被警告，如果因警告而停止比赛，则以任意球恢复比赛；如果停止比赛时，球在本方半场，则在停止时球所在的位置恢复比赛；如果停止比赛时，球在对方半场，则在中线中点恢复比赛。

然而，如果该球员干扰了比赛，则在发生干扰的地点判罚直接任意球（或如果干扰出现在罚球区内为罚球点球）。

7．队员号码

竞赛规程应对队员号码做出明确规定，号码通常为1～15号，1号预留给守门员。

比赛组织者应留意，对于裁判员来说，示意大于15的队员号码是困难且不适宜的。

每个队员的号码应清晰地印在背部，并区别于球衣主色。竞赛规程应明确号码的尺寸，以及该尺寸是否为强制性规定，包括在其他基本装备上是否需要号码及其尺寸。

五、裁判员

1. 裁判员的权力

每场比赛由两名裁判员掌控，裁判员和第二裁判员有全部权力去执行与比赛相关的沙滩足球竞赛规则。

2. 裁判员的决定

裁判员依据与比赛相关的事实所做出的决定，包括进球与否以及比赛的结果，都是最终的决定。裁判员和其他比赛官员的决定应始终得到尊重。

如果裁判员本人或经其他比赛官员建议后，意识到比赛恢复方式的决定发生错误，但比赛已经恢复或在计时员给出声音信号后，裁判员已经鸣哨确认上下半场（包括加时赛）结束并离开比赛场地及附属区域，或已经中止了比赛，则不可更改该决定。

有些情况下，一名助理裁判员提示/通知裁判员有涉及黄牌/红牌的犯规发生，但裁判员并未看到提示或听到通知，直到比赛已经恢复。裁判员仍然可以给予相应的纪律处罚，但犯规对应的比赛恢复方式不适用。

当裁判员和第二裁判员的判罚不一致时，无论何时，裁判员的决定为最终判罚。

当出现过分干预或不适当行为时，裁判员可以解除第二裁判员或其他比赛官员的职权，指派他人替代，并向有关机构报告。

3. 权力与职责

两名裁判员（裁判员和第二裁判员）：执行《沙滩足球竞赛规则》；如有其他比赛官员，与他们协作管理比赛；确保任何比赛用球符合规则第二章的要求；确保队员装备符合规则第四章的要求；对比赛事件进行记录；根据自身的判断，当任何违反规则的行为发生时停止比赛；因场外干扰等其他任何原因，暂停、中断或中止比赛；当计时员和第三裁判员不在场时，行使这两位其他比赛官员的职责；根据自身的判断，因任何违规行为中断或中止比赛；根据自身的判断，因任何外界干扰中断或中止比赛；当裁判员受伤或身体不适时对其进行替代。

4．比赛官员的责任

裁判员（或其他比赛官员）不对如下情况承担责任：队员、官员或观众任何形式的受伤；任何形式的财产损失；由于或可能由于依据竞赛规则，或按照正常程序做出的维持、继续和管理比赛的决定，给任何个人、俱乐部、公司、协会或其他机构所造成的任何损失。

5．国际比赛

国际比赛中应委派第二裁判员。

6．裁判员的装备

裁判员应有如下必需装备：至少一个口哨；红牌和黄牌；记录簿（或其他可记录比赛情况的用具）；至少一只手表。

允许裁判员使用的其他装备：与其他比赛官员通信的设备，如耳麦等；表现跟踪电子系统或其他体质监测设备。

禁止裁判员使用任何其他电子设备，包括摄影摄像设备以及禁止佩戴珠宝首饰。

六、其他比赛官员

1．助理裁判员

每场比赛应委派两名助理裁判员（一名第三裁判员和一名计时员），他们应依照沙滩足球竞赛规则行使职责。他们位于比赛场地外，平齐于中线且在相同换人区同侧。计时员应就坐于计时台处，第三裁判员可就坐或站立行使职责。

2．权限与职责

第三裁判员：协助场上两位裁判员和计时员；记录参加比赛的队员；在裁判员的要求下监督球的更换；在替补队员进入比赛场地前检查其装备；记录进球队员的号码；就比赛参与者的任何犯规、不正当行为或非体育行为通知场上裁判员，场上裁判员可以决定是否予以考虑；记录被警告或罚令出场队员的姓名和号码；递交给每支球队官员一张表单，提示替换被罚令出场球员的替补队员何时可以进场。

3. 国际比赛

国际比赛中，必须有第三裁判员和计时员。

国际比赛中，计时器应具备所有必要的功能（精确计时、同时记录一个或多个2分钟减员期）。

4. 候补助理裁判员

在任命候补助理裁判员的赛事或竞赛中，其权力与职责应符合沙滩足球竞赛规则条款的规定。

候补助理裁判员：根据竞赛规程任命，如果任何裁判员不能继续执法比赛，替代第三裁判员；根据裁判员的要求，在赛前、赛中或赛后的全部时间协助裁判员承担管理性的职责；赛后就任何不正当行为或发生在裁判员视线之外的事件向相关机构提交报告，并在裁判员填写任何报告时提供建议；记录赛前、赛中和赛后发生的所有意外事件；携带一个备用手工计时器，以备在任何意外事件发生时的需要；在靠近计时员的位置就坐，以便提供任何与比赛相关的信息来协助裁判员及第三裁判。

七、比赛时间

1. 比赛节数

比赛分为三节，时长均为12分钟，只有竞赛规程允许的情况下才能缩短比赛时间。

2. 单节比赛结束

计时员用声音信号示意每12分钟一节（以及加时赛每半场的）结束：当声音信号响起一节即为结束，即使裁判员没有鸣哨示意比赛结束；如果一节即将结束时出现了任意球或罚球点球，当任意球或罚球点球罚完成后，即视为一节结束。在比赛恢复后出现如下任一情况时，视为罚球完成：球停止移动或离开比赛场地；球被除守方守门员以外的任一队员触及（包括主罚队员）；裁判员因主罚队员或主罚队员球队违规而停止比赛。

如果防守队员在罚球结束前违规，则裁判员依据规则让比赛继续，判罚重新罚球或下一次任意球或罚球点球。

3．计时器

如果计时器不能正常工作，计时员即刻通知裁判员，计时员必须使用手动计时仪计时。在这种情况下，协助裁判员通知每队一名官员，告知他们比赛还有多少时间。

如果比赛暂停后，计时员忘记开启计时器，裁判员应要求计时员补足之前的时间。

4．中场休息

每节之间队员有休息的权利，时间不得超过 3 分钟。

如果进入加时赛，最后一节和加时赛开始之间没有休息。在最后一节和加时赛开始间，允许有短暂的补水间歇（不超过 1 分钟）。

竞赛规程应规定每节休息的时间，其只有经过裁判员的允许才可更改。

5．中止的比赛

除非竞赛规程或主办方另有规定，否则中止的比赛需进行重赛。

八、比赛开始与恢复

1．开球

开球用于一场比赛每一节、加时赛的开始和进球后的恢复比赛。任意球、罚球点球、界外球、掷球门球和角球是其他恢复比赛的方式。

当裁判员暂停比赛，而规则未明确以上述任何一种方式恢复比赛时，以坠球恢复比赛。如果违规发生在比赛停止时，则不改变恢复比赛的方式。

开球程序：

（1）裁判员掷硬币，掷硬币猜中的一队决定上半场进攻方向或者由本方开球。

（2）根据上述选择结果，另一队开球，或者决定上半场进攻方向。

（3）选择第一节进攻方向的一队，在第二节开球开始比赛。

（4）第二节，双方球队交换半场和进攻方向。

（5）第三节，掷硬币猜中的一队决定进攻方向或者由本方开球。

（6）根据上述选择结果，另一队开球，或者决定第三节进攻方向。

（7）如果进行加时赛，双方球队需交换半场和进攻方向。选择第三节进攻方向的球队，以开球方式开始比赛。

（8）当一队进球后，由另一队开球。

每次开球时：

（1）除开球队员外，所有场上队员应处在本方半场内。

（2）开球队的对方队员应距球至少5米直至比赛开始。

（3）球应放定在场地的中线中点上。

（4）由场上位于替补席另一侧的裁判员鸣哨示意开球。

（5）当球被踢且明显移动时，比赛即为开始。

（6）开球不可直接踢入对方球门得分，如果球直接进入对方球门，那么对方将获得一次球门球。

（7）如果球直接踢入本方球门，则由对方开角球。

违规与处罚：

（1）如果开球队员在其他场上队员触及球前再次触球，则判罚任意球：如果比赛停止时球在对方半场，则在犯规位置罚球；如果比赛停止时球在本方半场，则在中线中点罚球。

（2）如果是手球犯规，则在犯规位置判罚任意球。

（3）对于其他任何违反开球程序的情况，应重新开球。

2．坠球

坠球程序：

（1）在比赛停止时，应坠球给防守方的守门员：球在罚球区域内；或者最后触球在罚球区内。

（2）所有其他情况，裁判员应坠球给在比赛停止时球所在位置或球最后触及队员、场外因素或比赛官员的位置坠球给最后触球球队的队员。

（3）其他所有（双方）队员应距球至少2米，直至比赛恢复。

（4）当球触及地面，比赛即为恢复。

违规与处罚：

（1）出现如下情况时，需重新坠球：球在触及地面前被队员触及；球在触及地面后，未经队员触及而离开比赛场地。

（2）如果坠球后，球未经至少两名场上队员触及而进入球门：若球进入对方球门，则以掷球门球恢复比赛；若球进入得到坠球队员本方的球门，则以角球恢复比赛。

然而，如果因对于得到坠球一方的不可抗力（比如天气条件或不正确坠球）致使坠球未经至少两名队员触及后进入任何一方球门，则应重新坠球。

九、比赛停止及进行

1. 比赛停止

出现下列情况时，比赛即为停止：球的整体从空中或地面越过球门线或边线；比赛被裁判员停止；球击中天花板，如果有的话。

球触及比赛官员后仍在比赛场地内，并且出现下列情况，也属于比赛停止：一队开始了一次有希望的进攻；球直接进入了球门；控球权发生了转换。

在上述涉及球触及比赛官员的情况下，以坠球恢复比赛。

2. 比赛进行

其他所有时间，如果球触及比赛官员，或从球门柱、横梁或角旗杆弹回并且仍在比赛场地内，均为比赛进行。

3. 室内场地

天花板的最低高度应由竞赛规程规定。

如果比赛进行中球击中天花板，则由最后触球队的对方踢或掷界外球恢复比赛。踢、掷界外球的地位于距球击中天花板位置最近的边线上。

十、确认比赛结果

1. 进球得分

当球的整体从球门柱之间及横梁下方越过假想球门线，且进球队未犯规时，即为进球得分。

如果守门员直接将球掷入对方球门，由对方掷球门球。

如果两名裁判员之一在球未完全越过假想球门线时，示意进球但随即意识到错误，则以坠球恢复比赛。

2. 获胜队

比赛中进球数较多的队伍为获胜队。如果双方球队进球数相等或没有进球，则该场比赛为平局。

当竞赛规程规定一场比赛出现平局，或主客场进球数相同时必须有一方获胜，仅允许采取如下方式决定获胜队：客场进球规则；一节且不超过3分钟的加时赛，竞赛规程应规定加时赛的时长；罚球点球决胜。可将上述各方式组合使用。

如果比赛是联赛，积分遵从下列原则：三节比赛结束获胜，获胜的球队获得3分；加时赛结束获胜，获胜的球队获得2分；罚球点球结束获胜，获胜的球队获得1分。

3. 罚球点球决胜

罚球点球决胜在比赛结束之后进行，除另有说明外，有关的沙滩足球竞赛规则条款适用。在比赛中被罚令出场的不能参加，比赛中的劝诫和警告不带入罚球点球决胜。

罚球点球决胜不是比赛的一部分。

罚球点球决胜开始前：

（1）裁判员通过掷硬币决定罚球点球决胜使用的球门，除非有其他考虑（如场地条件、安全性、摄像机位置等）或竞赛规程另有规定。

（2）裁判员掷硬币，猜中的一队决定先踢或后踢。

（3）所有场上和替补队员都有资格参加罚球点球决胜，比赛或加时赛结束时受伤或已被罚令出场的球员除外。

（4）各队负责从有资格者中选择罚球的顺序，无需告知裁判员。

（5）如果在比赛或加时赛结束时，罚球点球决胜开始前，有一队（包括替补）人数明显多于对方，则可选择减少人数以与对方保持一致，并应告知裁判员被排除的姓名及号码。任何被排除的无论作为球员还是作为守门员都不得参加罚球点球决胜（下述情况除外）。

（6）在罚球点球决胜前或过程中，守门员在无法继续参与的情况下可以被已经排除的场上队员或替补队员替换，但被替换的守门员不再具备罚球资格。

（7）如果守门员已经完成罚球，则替换队员不具备罚球资格，直到下一轮罚球。

罚球点球决胜进行中：

（1）只有符合资格的场上队员和替补队员、裁判员和其他比赛官员可以留在比赛场地内。

（2）除主罚队员和两名守门员外，所有符合资格的场上队员和替补队员应留在对面半场。

（3）主罚队员一方的守门员应位于比赛场地内、第二裁判员的对侧边线上，假想球点的平行线上。

（4）符合资格的场上队员或替补队员可与守门员互换位置。

（5）当球停止移动或离开比赛场地，或因发生任何违规的情况而裁判员停止比赛时，视为罚球点球完成；主罚队员不得再次触球。

（6）裁判员记录罚球点球决胜情况。

（7）如果因守门员违规而造成重踢罚球点球，则其第一次违规应被劝诫，在比赛中如果该球员后续依然出现违规，则应被警告。

（8）裁判员示意执行罚球点球后，主罚队员违规，则警告主罚队员，此球记为罚失。

（9）守门员与主罚队员同时违规，则警告主罚队员，并记为罚失。

（10）如果在罚球点球决胜过程中，一队队员人数减少，则人数多的一队可以选择减少人数以与对方保持一致，并应告知裁判员被排除的队员姓名及号码；任何被排除的队员，无论作为球员还是守门员，不得参加罚球点球决胜（以上所述除外）。

双方球队各罚 5 次罚球点球，并遵循如下规定：

（1）双方球队轮流罚球。

（2）每次罚球由不同的队员执行，直至符合资格的场上队员和替补队员均罚过一次后，才可罚第二次。

（3）上述条款在接下来的罚球中继续适用，但球队可以更换罚球队员的顺序。

（4）在双方球队各完成 5 次罚球前，如果一队进球数已经超过另一队罚满 5 次可能的进球数，则不再继续罚球。

（5）在双方球队踢完 5 次罚球点球后，如果比分相同，则继续罚球，直到出现罚完相同次数时，一队比另一队多进一球为止。

（6）不得因一名队员离场而拖延罚球点球决胜。如果队员未及时返回罚球，则视为丧失本次踢球资格（罚失）。

罚球点球决胜期间的替换队员和罚令出场：

（1）场上队员和替补队员和球队官员可以被警告或罚令出场。

（2）守门员被罚令出场，应由符合资格的场上队员或替补队员替换。

（3）非守门员的场上队员或替补队员如无法继续罚球，则不能被替换。

（4）如果一队人数少于 3 人，裁判员不应中止比赛。

4. 客场进球规则

竞赛规程若规定双方球队进行主客场比赛，如果第二场比赛结束后两队总进球数相同，则任何在客场的进球将双倍计算。

十一、越位

沙滩足球中没有越位。

十二、犯规与不正当行为

只有在比赛进行中犯规或违规，才可判罚任意球和罚球点球。

1. 任意球

如果裁判员认为,一名场上队员草率、鲁莽的或使用过分力量对对方队员实施以下犯规,则判罚任意球:冲撞、跳向、踢或企图踢、推搡、打或企图打、用脚或其他部位抢截或争抢、绊或企图绊。

如果是有身体接触的犯规,则判罚任意球或罚球点球:

(1) 草率是指队员在争抢时,缺乏预防措施,缺乏注意力或考虑。这种情况不必给予纪律处罚。

(2) 鲁莽是指队员的行为未顾及给对方造成的危险或后果,这种情况下应对队员予以警告。

(3) 使用过分力量是指队员使用了超出自身所需要的力量,危及对方的安全。这种情况应将队员罚令出场。

如果场上队员实施如下犯规时,也判罚任意球:

(1) 手球犯规。

(2) 使用手臂等部位拉扯、阻止对方队员行动。

(3) 用不正当的方式阻挡对方队员完成剪刀球或倒钩球。

(4) 在身体接触的情况下阻碍对方队员移动。

(5) 对球队名单上的人员或比赛官员实施咬人、吐口水或故意向某人扔沙子。

(6) 把球当作物品向对方队员或比赛官员扔掷、踢,或用手中的物品触及球。

踢剪刀球、踢倒钩球:

踢剪刀球和踢倒钩球是沙滩足球内在的一部分而必须被保护,包括完成动作的队员。

裁判员必须确保动作能顺利完成。

对任何阻止踢剪刀球和踢倒钩球的对方队员要处罚,但裁判员必须考虑以下标准:

(1) 如果球已经在执行或企图执行剪刀球和倒钩球队员的控制中,一名对方队员干扰该队员或干扰球,则被判罚任意球或罚球点球。

(2) 在上述两种情况下,如果执行或企图执行剪刀球和倒钩球队员因为被干扰而打到了对方队员,则裁判员仍要因为阻止或试图阻止倒钩球的完成而判罚该队员犯规。

（3）如果球不在执行或企图执行剪刀球和倒钩球队员的控制中，一名对方队员触球，则该队员没有犯规。

（4）如果球不在执行或企图执行剪刀球和倒钩球队员的控制中，而该队员在此过程中打到对方队员，则执行或企图执行倒钩球队员被判罚犯规。

（5）当一名队员的目的是踢剪刀球或倒钩球，在球停留在空中并接近该队员时，除了手和胳膊外其他身体任何一部分都已经控制了球，无论是在前面还是两边，这个时候，该队员被认为已经控制了球。

如果一名防守队员跳起来没有转动身体或向对手移动，即使身体接触了对方，则并不认为犯规。

2. 可警告的犯规

场上队员犯有如下行为时，应被警告：延误比赛恢复；以语言或行动表示异议；未经两名裁判员之一的许可进入或离开比赛场地或违反替换程序；当比赛恢复时未退出规定距离：坠球、角球、中场开球或界外球，任意球（只针对防守队员）；持续违反规则（对"持续"的定义并没有明确的次数和犯规类型）；非体育行为。

替补队员犯有如下行为时，应被警告：延误比赛恢复；以语言或行动表示异议；违反替换程序进入比赛场地；非体育行为。

3. 违反体育精神的警告

假装受伤、鲁莽犯规、手球干扰进攻、制造未经许可的标记、干扰比赛等。

4. 罚令出场的犯规

场上队员或替补队员犯有如下行为时，应被罚令出场：

（1）手球破坏进球、严重犯规、咬人、吐口水、暴力行为、辱骂性语言、第二次警告。

（2）破坏进球或明显的进球得分机会。

（3）手球破坏进球（守门员除外）罚令出场。

（4）罚球区内犯规破坏明显进球机会，若意图争抢球则警告，否则罚令出场。

5．严重犯规

危及对方队员安全或使用过分力量、野蛮方式的抢截，应视为严重犯规。

任何队员用单腿或双腿从对方身前、侧向或后方，使用过分力量或危及对方安全的蹬踹动作，应视为严重犯规。

6．暴力行为

暴力行为是指队员的目的不是争抢球，而是对对方队员或任何其他人，使用或企图使用过分力量或野蛮动作，无论是否与他人发生身体接触。

暴力行为可能发生在场内或场外，无论比赛进行中或停止时。

涉及暴力行为时裁判员不应掌握有利原则，除非有明显的进球得分机会。在这种情况下，裁判员应在下一次比赛停止时将有暴力行为的队员罚令出场。

提醒裁判员，暴力行为常常会导致队员间的集体冲突；因此，裁判员应严格干预以尽力避免其发生。

有暴力行为的场上队员或替补队员应被罚令出场。

十三、任意球

1．任意球的种类

当场上队员、替补队员、被罚令出场的队员或者球队官员犯规时，判由对方球队罚任意球。

沙滩足球有两种类型的任意球：在对方半场罚的任意球；在本方半场或中线中点罚的任意球。

罚任意球时，两名裁判员之一应以清晰的方式进行4秒计时。

2．程序

（1）队员不允许排人墙。

（2）执行罚球的队员必须被明确。

（3）如果有犯规发生，被犯规的队员必须罚球，除非该队员受伤严重，这种情况下由替换该被犯规队员的替补队员来执行罚球。

（4）如果该违规不是犯规，比如手球，任意球可以被该队任何队员或者替补队员来执行罚球。

（5）罚球队员可以用脚或者球做一小堆沙子来提升球的位置。

（6）两名裁判员之一示意可以罚球后，任意球必须在 4 秒钟罚出。

（7）在每节结束时，必须允许有额外时间来执行罚任意球（包括加时赛），在这种情况下，裁判员允许守方守门员被场外队员或有资格的替补队员替换，尽管是后一种情况，依然要遵循替换程序。

（8）如果任意球直接进入罚球队员本方球门，则判给对方角球。

（9）如果任意球直接进入对方球门，则判为进球。

（10）如果球击中球门柱或横梁未进入球门后发生破裂，裁判员不能允许重新罚任意球，则停止比赛并坠球恢复比赛。

（11）如果裁判员在给出罚球手势前，该队员就将任意球发出，则要求重新罚球并警告该队员。

（12）如果因罚任意球而延长比赛时间，球在越过球门柱和横梁之间的球门线之前，球击中其中一个球门柱、横梁或守门员，则判罚进球有效。

（13）除非规则明确指定位置，对于未经裁判员允许场上队员进入、重新进入或离开比赛场地而被判罚的任意球，应在比赛停止时球所在地点或中线中点罚球。如果一名场上队员在比赛场地外犯规，则应在距犯规发生地点最近的边界线上以任意球恢复比赛；如果是可判为任意球的犯规，且距离犯规地点最近的边界线是犯规方罚球区内的球门线，则判罚罚球点球。

3．球

（1）应放定，且罚球队员不得在其他队员触球前再次触球。

（2）当球被踢且明显移动时，即为比赛恢复。

任意球可以用单脚或双脚同时跳起的方式踢出。作为沙滩足球的一部分，允许用假动作迷惑对方罚任意球。

如果一名队员在以正确方式罚任意球的过程中，故意将球踢向对方以再次触球，但并未使用草率的、鲁莽的方式或过分的力量，裁判员允许比赛继续。

十四、罚球点球

队员在本方罚球区内,则判罚罚球点球。罚球点球可直接踢入球门得分。

1. 程序

球应放定在假想罚球点上。

罚球点球的队员:

(1)必须被明确。

(2)如果这个违规是犯规,则必须是被犯规的队员,除非是严重受伤,这种情况下必须是被替换的替补队员罚球。如果这个违规不是犯规,比如手球,则这个罚球点球可以任何队员或替补队员来罚。

守方守门员应处在球门柱之间的球门线上,面向主罚队员,且不可触碰球门柱、横梁或球网,直至球被踢出。

如果罚球队员已经把球放好后守方守门员提出更换,裁判员必须因延误比赛重新开始而给予警告,但允许完成替换。

主罚队员和守门员以外的其他场上队员应:在比赛场地内;距离假想罚球点至少5米;在罚球区外。

罚球队员可以用脚或球做一个小的沙丘,以提高球的位置。

场上队员的位置符合本章规定后,两名裁判员之一示意执行罚球点球。

主罚队员应向前踢球;允许使用脚后跟踢球,只要球最终向前移动。

在球被踢出时,守方守门员应至少有一只脚的一部分接触球门线,与假想球门线平齐或是在线后。

当球被向前踢出且明显移动,即为比赛恢复。

主罚队员在其他队员触及球前不得再次触球。

如果判罚罚球点球时一节比赛即将结束,罚球点球踢球完成后一节比赛即为结束。比赛恢复后,出现下列情况之一,罚球视为完成:球停止移动或离开比赛场地;球被除防守方守门员以外的任一队员触及(包括主罚队员);裁判员因罚球队员或罚球队员的同队队员违规而停止比赛。

2. 违规与处罚

一旦裁判员鸣哨示意执行罚球点球，球应踢出。如未踢出，两名裁判员之一可以在再次鸣哨示意罚球之前执行纪律处罚。

如果在比赛恢复前，出现下列情况之一：

（1）主罚队员或其同队队员违规：如果球进门，则重踢罚球点球；如果球未进门，则裁判员停止比赛，由对方踢任意球恢复比赛；

除非出现以下情况，无论进球与否，比赛停止并由对方踢任意球恢复比赛：向后踢罚球点球；事先明确的主罚队员的同队队员踢罚球点球，裁判员警告罚球队员；主罚队员完成助跑后使用假动作踢球（在助跑过程中使用假动作是允许的），裁判员警告主罚队员。

（2）守方守门员违规：如果球进门，则进球有效；如果球偏离球门或从横梁或球门柱弹回，只有在守门员违规明显影响主罚球员时，才重踢罚球点球；如果守门员阻止了球进门，则重踢罚球点球。

（3）如果由于守门员违规导致重踢罚球点球，则其第一次违规应被劝诫，在比赛中如果该球员后续依然出现违规，则应被警告。

（4）守方守门员的同队队员违规：如果球进门，则进球有效；如果球未进门，则重踢罚球点球。

（5）双方队员违规，则重踢罚球点球，除非一名队员的违规程度更重（如非法假动作）。如果守方守门员与主罚队员同时违规，则警告主罚队员，由守方踢任意球恢复比赛。

（6）在踢罚球点球时，阻碍罚球队员向球移动的对方队员应被警告，即使违规队员遵守了至少距球5米的规定。

（7）罚球点球踢出后，如果主罚队员在其他队员触及球前再次触球：判对方罚任意球，在犯规的地点，如果是在本方半场防守球罚球点球时；或者在中线中点如果犯规是在罚球方半场（除非手球犯规，则在犯规地点判罚任意球）。

（8）球在向前移动过程中被场外因素触及：应重踢罚球点球。但如果球将要进门时，此干扰因素没有阻止守方守门员或防守队员处理球，如果随后球进门，则视为进球有效（即使场外因素与球发生接触），除非干扰是来自进攻方。

(9) 球从守门员、横梁或球门柱弹回比赛场地内，随后被场外因素触及：裁判员停止比赛；在球被场外因素触及的地点以坠球恢复比赛。

十五、踢界外球、掷界外球

当球的整体从地面或空中越过边线，或在室内比赛中球击中天花板时，由最后触球队员的对方执行。

界外球不能直接得分：如果球直接进入对方球门，判掷球门球；如果球直接进入本方球门，判踢角球。

1. 程序

有两种形式的程序：踢界外球，掷界外球。

所有对方队员应距踢界外球的边线上的地点至少 5 米。

当发球方准备好恢复比赛或裁判员示意其已准备好恢复比赛时，应在 4 秒内将球踢出恢复比赛。

如果因为战术原因而延误比赛重新开始，则不考虑队员是否做好了发球的准备，裁判员应吹哨开始数 4 秒计时。

如果界外球发出而球未进入比赛场地，则裁判员应判由对方发界外球。如果队员在发界外球时，以正确的方式故意将界外球踢、掷向对方队员以再次触球，但并未使用草率的、鲁莽的方式或过分的力量，裁判员应允许比赛继续。

踢、掷球队员在其他队员触及球前不得再次触球。

踢界外球，在踢界外球的一瞬间，踢球队员：面向场地；脚的一部分应在边线上或在边线外；球应放在球离开比赛场地边线上或出界地点场地外接近边线处。如果未在边线上踢界外球，当球进入场地即为比赛恢复。如果在边线上踢界外球，当球被踢且明显移动时，即为比赛恢复。

掷界外球，在掷界外球的一瞬间，掷球队员：面向场地；脚的一部分应在边线上或在边线外；双手持球由头后和头上在球出界地点将球掷出。

当球进入场地即为比赛恢复。

2. 违规与处罚

如果比赛恢复后，发球队员在其他队员触及球前再次触球，则在犯规地点判罚任意球；如果犯规地点在发球队员本方半场，则在中线中点。如果发球队员手球犯规：判罚任意球在犯规地点；如果犯规发生在发球队员本方罚球区内，则判罚罚球点球，除非发球队员为守门员，这种情况下判罚任意球在中线中点。

对方队员不正当地干扰或阻挡发球（包括移动至距离发球地点不足5米处），将因违反体育精神的行为而被警告，如果界外球已被发出，则在犯规地点判罚任意球，如果这是防守方半场的任意球；如果犯规地点在另一个半场，则在中线中点。

对于其他任何犯规，包括没有在4秒内将球发出，由对方发界外球（发球队员可以选择踢界外球或掷界外球）。

十六、掷球门球

当球的整体从地面或空中越过球门线，而最后由进攻队员触及，且并未出现进球，则判为掷球门球。

掷球门球不可以直接得分。如果球直接进入掷球门球的守门员方球门，则判给对方角球。如果球直接进入对方球门，判对方掷球门球。

1. 程序

（1）由守方守门员在罚球区内任何一点将球掷出或释放。

（2）当球被掷出或释放且明显移动时，即为比赛恢复。

（3）当发球方准备好恢复比赛或裁判员示意发球方准备好恢复比赛时，应在4秒内将球发出，恢复比赛。

（4）对方队员应处在罚球区外，直至比赛恢复。

2. 违规与处罚

如果比赛恢复后，掷球门球的守门员在其他队员触及球前再次触球，则在犯规地点判罚任意球，如果犯规地点在对方半场；如果犯规在本方半场，则在中线中点。如果守门员手球犯规：如果犯规发生在守门员的罚球区外，则在犯规地点判罚任意球；如果犯规发生在守门员的罚球区内，则在中线中点判罚任意球。

如果球门球没有在 4 秒内发出，由对方在中线中点踢任意球。

如果掷球门球时，对方队员因没有时间离开而处于罚球区内，裁判员允许比赛继续。

在掷球门球时处在罚球区内或在比赛恢复前进入罚球区的对方队员，在比赛恢复前触及或争抢球，应重掷球门球。

在比赛恢复前，如果队员进入罚球区内，对对方队员或被对方队员犯规，应重掷球门球。依据犯规情况，犯规队员可被警告或罚令出场。

对于其他任何犯规，重掷球门球。如果以违规的方式发出球门球，在重新发球门球时 4 秒计时不重新开始而继续之前的秒数。

十七、角球

当球的整体从地面或空中越过球门线，而最后由防守队员触及，且并未出现进球，则判为角球。

角球可以直接踢入对方球门得分。如果角球直接踢入本方球门，则判给对方踢角球。

1．程序

（1）球应放在距球越过球门线处最近的角球区内。

（2）开球队员可以用脚或球做一个小沙堆来提高球的位置。

（3）球应放定并由进攻队员踢球。

（4）当发球方准备好恢复比赛或裁判员示意发球方准备好恢复比赛时，应在 4 秒内将球发出，恢复比赛。

（5）当球被踢且明显移动时，即为比赛恢复。球无须离开角球区。

（6）角旗杆不能被移动。

（7）对方队员应距角球弧至少 5 米，直到比赛恢复。

2．违规与处罚

如果比赛恢复后，踢球队员在其他队员触球前再次触球，如犯规地点在对方半场，则在犯规地点判罚任意球；如犯规在本方半场，则在中线中点。如果踢球队员手球犯规：判罚任意球在犯规地点；如果犯规发生在踢球队员本方罚球区内，则判罚罚球点球。除非踢球队员为守门员，这种情况下判罚任意球在中线中点。

如果队员踢角球时，以正确的方式故意将球踢向对方队员以再次触球，但并未使用草率的、鲁莽的方式或过分的力量，裁判员应允许比赛继续。

对于其他任何犯规，包括没有在 4 秒内踢出或未在角球区内发球，由对方掷球门球。对于防守方的其他任何犯规，将重踢。

参 考 文 献

［1］任定猛，张旭. 五人制足球与沙滩足球［M］. 北京：北京体育大学出版社，2018.

［2］吴春成. 足球运动科学训练与后备人才培养研究［M］. 北京：北京燕山出版社，2022.

［3］赵权. 足球运动的理论与科学化训练研究［M］. 长春：吉林人民出版社，2021.

［4］侯彦朝. 现代体育教育与运动训练协同发展研究［M］. 长春：吉林人民出版社，2022.

［5］刘新刚. 足球运动技战术训练的科学性研究［M］. 成都：电子科技大学出版社，2016.

［6］郭书胜. 现代体能训练方法设计研究［M］. 长春：吉林出版集团股份有限公司，2021.

［7］张晓宇. 大学生足球理论与实践［M］. 广州：中山大学出版社，2019.

［8］刘浩然. 2019 年沙滩足球世界杯预选赛进攻技术研究［J］. 运动－休闲（大众体育），2021（21）：115－117.

［9］白帆. 中国男子沙滩足球国家队整体攻守战术形成过程及效果研究［D］. 北京：北京体育大学，2020.

［10］廖展浩，魏宏文. 对沙滩足球体能训练的思考［J］. 体育世界（学术版），2020（1）：112－113.

［11］东岳，鱼得海，朱雪宇. 沙滩足球射门方式运用特征分析［J］. 体育世界（学术版），2017（11）：72－73.

［12］许正勇. 沙滩训练方式对足球运动员体能的影响研究［J］. 当代体育科技，2017，7（6）：61－62.

[13] 吕长海. 第五届沙滩足球世界杯主要进攻技术运用特征分析[D]. 北京：北京体育大学，2016.

[14] 孙冠荣. 2015沙滩足球亚洲杯与沙滩足球世界杯射门情况的比较研究[D]. 北京：北京体育大学，2017.

[15] 卢亦宽. 沙滩足球进攻战术分析[J]. 文体用品与科技，2016（6）：173-175.

[16] 刘洋. 沙滩足球体能训练存在的问题与改进[J]. 魅力中国，2021（13）：569-570.

[17] 陈晓伟. 世界杯沙滩足球比赛主要防守技术运用的分析与比较[D]. 北京：北京体育大学，2016.

[18] 卢文. 我国沙滩足球运动开展现状与对策研究[D]. 西安：西安体育学院，2015.

[19] 韩英男. 室内五人制足球与沙滩足球守门员主要技术运用特征分析[D]. 北京：北京体育大学，2013.

[20] 朱裕彬. 我国沙滩足球运动发展研究[J]. 体育文化导刊，2014（6）：70-73.

[21] 胡月英，胡鑫. 沙滩足球守门员技术特征研究[J]. 运动，2013（23）：19-20，30.

[22] 王靖宇. 沙滩训练对足球运动员体能影响的实验分析[J]. 当代体育科技，2019，9（2）：47-49.

[23] 张智. 沙滩足球训练对提高运动员体能及下肢爆发力的影响分析[J]. 当代体育，2021（15）：148.

[24] 付革. 我国沙滩足球运动员体能训练特征及其对策研究[J]. 上海商学院学报，2017（3）：21-23.